小学校最後の3年間で本当に教えたいこと、させておきたいこと

約40年で1万3000人が学んだ!
進化し続ける通信教育の重鎮

オンライン作文教室「言葉の森」代表
中根克明

すばる舎

はじめに

前著『小学校最初の3年間で本当にさせたい「勉強」』(小社刊)は、おかげさまで多くの方にお読みいただき、子育ての基本を考える際の参考になったとの声をいただきました。

小学1、2、3年生は、読書、対話、遊び、自主的な生活が中心で、詰め込みの勉強は必要ないと書きました。その考えは今も変わりません。

しかし、小学4、5、6年生になると、嫌でも子供の勉強面での様々な問題に気がつくようになり、それに合わせて子供の将来の進路も考えなければならなくなります。

ところが、小学4年生頃から、子供は急に親から自立する気持ちを持つようになり、小学3年生の頃までの素直に言うことを聞いていた時期とは違って、親の言うことを素直に聞かなかったり反発したりするようになります。

私は、これまで40年近く、主に作文の学習を通して子供たちの成長の様子を見てきました。小学4年生の頃のミニ反抗期、小学5年生から急に難しくなる勉強、小学6年生で直面する今後の進路など、多くの事例に接して、自分なりにいろいろな対策を考え提案してきました。

この本には、この小学4、5、6年生の子供たちが共通して遭遇する問題を、ほぼすべての分野にわたって取り上げています。

私の考えが必ずしも最善のものとは言えません。なかには、かなり私の主観が入っている話もあると思います。

しかしそれでも、この本は、小学4、5、6年生の子供たちの勉強や生活で悩む、お母さんやお父さんの助けになるのではないかと思います。

私の考え方の基本は、「子供の成長はできるだけ遠くまで見て考えよう」ということです。そして、遠くまで見て考えると、今問題と思われているほとんどのことは「大丈夫」なのです。

いろいろ問題があっても、結局は大丈夫という考え方に立てば、子育てはずっと楽で、むしろ親自身も成長できる、もっと楽しいものになるはずです。

そして、子供が成長すると同時に、親もまた子育ての様々な問題を乗り越えるたびに成長していくのです。

これから、世の中は大きく変わります。

どこの学校に進学しようが、どこの会社に就職しようが、あるいはどのような資格を取ろうが、子供が社会に出て活躍する10年後20年後にも確実だと言えるものは、何もありません。

「少なくとも〇〇だけは安心だろう」と言う人がいるかもしれませんが、10年後、20年後は、その〇〇さえも危ういのです（〇〇には何を入れてもいいと思います）。

しかし、ひとつだけ確実なものがあります。それは、子供の自主性、創造力、思考力、共感力を育てておくことです。

どのような社会になっても、明るくたくましく生きていく力をつけておくということが、これからの教育の目的です。

そのためには、外見の明るさやたくましさだけではなく、世の中に新しいものを創造し、世の中に貢献し、自分自身も常に新しいものを工夫して生きていく力をつけることです。

このような未来を見据えた子育てのできる場所は、学校でも、塾でも、他の何らかの教育機関でもなく、家庭です。

この本が、そういう家庭におけるお父さんお母さんの子育ての助けになることを、心から期待しています。

この本をまとめるにあたり、ホームページやＦａｃｅｂｏｏｋページをご覧いただいている方、言葉の森の保護者の方、言葉の森の講師、そして、私の知人や家族などに、図書のリストをはじめとして多くの参考になる意見を聞かせていただきました。

また、すばる舎の水沼さんには、多忙な中、言葉の森のサマーキャンプにも参加していただき、本の内容について多くのアドバイスをいただきました。

心よりお礼申し上げます。

中根克明

はじめに —— 2

第1章

小4・小5・小6の過ごし方が未来を決める

「小学校最後の3年間」は人生でとても重要なとき —— 18
3年生までは幼さが残るが…
中学校以降に開花する準備期間
「10歳からは親の言うことを聞かなくなる」は本当？ —— 22
「親より友達」になってくる
反発は自立心を育てる練習
対等な信頼関係を築くチャンス
4年生は小学校生活の大きな転換期 —— 27
ギャングエイジが本格化
もっとも小学生らしい学年

5、6年生は精神的に一気に大人に近づく頃――31
知的レベルが上がり、物事の裏面が見えるように
ウソやいじめが出てくる
一方的な「ダメ」「こうしなさい」は効かない。接し方を変える――36
なぜゲームの時間を限定するのか理由を説明
保護者というより「相談役」に
勉強はほどほどがいい――41
小学校時代の成績で勝負は決まらない
本気になるのは高校生からで十分
「本さえ読んでいれば大丈夫」という思いがある――47
読書は最大の勉強
荒れている中学校に行っても流されない
親の人生観を伝えていく絶好の時期――52
子供の頃のエピソードを話す
中学生になってからは難しい

第2章

高学年も家庭学習で学力を伸ばす

勉強が難しくなる高学年も家庭学習で十分間に合う――58
自分で解法を見ながら問題集を解くスタイル
中3まで親が勉強を見てあげられる
国語の勉強法――63
漢字を含めた日本語の読み書きをしっかりと
多読と精読で読書を深める
オススメ本 「物語」の本――67
オススメ本 「説明文」の本――77
算数の勉強法――86
「苦手ではない」レベルを保つ
繰り返せば必ずどんな問題でも解ける
問題集は書き込まず、ノートを使う

理科・社会の勉強法 —— 91
教科書5回読みで理科の成績が上がった子
自然に親しむ生活をする
社会も教科書だけで十分。年表・年号は暗記
中学受験するなら「ダメ元で公立中高一貫校」 —— 96
受験は目標としては良いもの
私立中受験は早くから大量の勉強がいる
狭き門の公立中高一貫校は不合格でもいい
塾に行かずに公立中高一貫校をめざす勉強法 —— 102
市販の教材の「できそうな問題」だけ繰り返す
算数は小6の夏休みまでに先取りを終える
作文は制限時間内に書き切る練習を
「考える力」を育てるには読書と作文 —— 107
難しい文章を読み、難しい文章を書く
親子で難しい話をする

第3章

10歳からさせたいこと、教えたいこと

親のいない放課後の時間、どう過ごさせる？ ―― 112
習い事や塾で埋めれば安心だが…
「オンラインの少人数クラス」の試み
ゲームは禁止しなくていい ―― 116
禁止でも放任でもなく、時間を決める
免疫をつけさせておく
「朝6時までは好きなだけOK」
息抜きがあるから勉強もがんばれる
お小遣いで「お金の使い方」を覚える ―― 124
商売の才覚を身につけさせたい
一度に使ってしまって後悔するのも経験
本を買うときは例外的に親がお金を出す

家族の中での「自分の仕事」を与える――129
合宿でよく動ける子と動けない子の差
ご褒美のお小遣いは不要
キャンプや合宿で「他の子との共同生活」の経験を――134
夏の間中、那須の合宿所を開く理由
子供同士で寝泊まりし、いざこざも成長の糧
いよいよ「自然遊び」を豊かに楽しめる年齢――139
磯で貝をとる楽しさは釣り堀では味わえない
整備されたプールにはない川遊びの魅力
予想どおりにいかないから柔軟性を鍛えられる
ペットの存在が心のよりどころに――144
「一緒にいてくれたから、不登校もつらくなかった」
おすすめは犬と文鳥
共働き家庭には猫が人気
家庭内で守るルールを決めたら、あとは自由にさせる――150

わが家では「靴をそろえる」など少しだけ
蛍光灯を壊した生徒たちをあえて大目に見た教師

「いざとなればガツンと叱る」のが父親の役割 ―― 154
「結局最後は許してくれる」のが母親
父親は社会を代表する存在
「冒険的な遊び」を教えるのも父親

子供の心配事は「時がきたら解決する」ことばかり ―― 160
好きなことにばかり熱中していて大丈夫？
熱中する力は社会で活躍する土台になる
いたずらは創造性のある証拠

第4章 友達関係と学校のこと

「良い友達をつくる」ことより大切なこと ―― 166

ひとり時間が好きな子は趣味の世界で交友関係を広げる
自己中心的だと友達ができづらい
この時期の男子の友達関係——171
悪ノリできる子が本当の仲間という感覚
戦うことと負けないことの大切さを教える
この時期の女子の友達関係——175
女子の中でうまくやるには「調和」がキーワード
自慢しすぎない、「でも」とすぐに反論しない
機嫌の悪い顔をしない。男子も同じ
いじめにあったら「早めの対処」が重要——180
子供自身でまずは解決させる
最初の一歩で我慢すると、その後戦えなくなる
親さえ味方なら乗り越えられる
いじめる側にしないための「あらかじめの教育」——186
たったひとりでも声をあげる勇気

「ならぬことはならぬ」を言い続けて刷り込む
不登校は無理に学校に行かせようとしない——191
私も教室の席に座っているのが苦痛だった
4年生で不登校になり、数ヵ月山村留学した次男
家で勉強できる環境が整えば大丈夫

第5章 中学校以降は自立をめざして

中学生はどうなる？——198
小6と中1ではわずか1年しか違わない
中3まではリビング勉強で親がみる
読書習慣は途絶えさせないようにする
反抗期も叱るべきときはきちんと叱る——203
内面が成長すれば自然と収まるもの

腫れ物に触るような接し方はしない
江戸時代に反抗期はなかった？

「個性を生かして仕事をする」大人に育てるのが目標——207
メジャーをめざすことが割に合わない時代に
インターネットが組織と個人の差をなくした
勉強はそこそこで、人と違うことをする時間をつくる

親が生き生きと働く姿を見せる——214
副業のすすめ
「人に教える」仕事が増えてくる
新しいことに挑戦する親が手本になる

子離れしていくための考え方——220
「いつか来る」ではなく意識的に迎えられるように
自分の人生を生きれば自然と子離れできる
必要なのはお金ではなく一歩踏み出す勇気

「将来、親の面倒をみる」自覚が自立をうながす——225

個人主義的な生き方は長い歴史で例外的

自立と「自分のためだけに生きる」は別物

「お母さんが年をとったら代わりに読み聞かせて」

第1章

小4・小5・小6の過ごし方が未来を決める

「小学校最後の3年間」は人生でとても重要なとき

3年生までは幼さが残るが…

小学生も1年生や2年生のうちは、まだ子供子供しているものです。背負うランドセルも体に比べて大きく、「かわいい小学生」という風情です。学校の勉強も、まだ本格的になっておらず、理科社会は「生活科」という科目で、体験学習が中心です。

それが3年生となると、「ずいぶんしっかりしてきたな」と思う親御さんも多いのではないでしょうか。学校での勉強も、だいぶ本格的になってきます。

しかし、6年間の小学校生活を半分に分けるなら、3年生はまだ前半。幼さが残ります。一般に、3年生と4年生は「中学年」とくくられます。しかし実際には、3年生から4年生に上がるのは、小学校生活も後半に突入したということ。校内の「お兄さん、お姉さん」である**5年生、6年生が身近になると同時に、その先の中学校も視野に入ってくる学年**です。ここから子供が大きく成長してきます。

私は作文教室を経営していますので、作文を例にとりますが、たとえば書く題材を例にとってみても、4年生の子は低学年の頃から変化しています。

低学年では、そのときにあった出来事を淡々と事実のままに書いていくだけです。ですから、字数も自然に長くなる傾向があります。長く書けたことがうれしいというのが、小学1、2、3年生の作文の勉強の特徴です。

もちろん、まだ指の力が弱い低学年の時期は、

誰もがそれほど長く書けるわけではありません。しかし、低学年の子供たちは、ほとんどの子ができれば長く書きたいと思っているのです。

中学校以降に開花する準備期間

ところが、4年生になると、長く書くことには次第に興味がなくなります。

では、どこに興味が出てくるかというと、「おもしろいことを書く」ところです。その「おもしろい」も、知的レベルの上がったおもしろさです。

低学年の頃は、うんちやおしっこといった言葉に反応し、大笑いしていたのが、だじゃれなどの言葉遊びの楽しさに目覚めるようにもなります。ことわざなどに興味を持ち出すのもこの頃です。

親や先生の失敗談など、権威のある大人の弱点を取り上げることがおもしろいというような感覚を持つようになります。そのため、小学4年生の頃の作文には、お父さんやお母さんを笑うような話が出てくることがよくあります。

私の子も、小学4年生の頃、「うちのお父さんは変人です」から始まって、家族の裏話をおもしろおかしく取り上げた作文を書いていたことがありました。

これは、**子供が自立した世界観を持つようになった**、ひとつの表れでもあります。

10歳とは一区切りの年齢です。赤ちゃんからスタートした10年間に区切りをつけ、いよいよ大人に近づきます。様々なことを吸収し、知的能力も上がっていきます。

一方で、この4、5、6年生の頃は、**中学に入る前のまだ時間的なゆとりのある時期**でもあります。

中学受験する子の場合は、5、6年生の頃は勉強漬けになることもありますが、そうでない場合は、ゆとりのある生活の中で読書によって考えを深めたり、自分の趣味の分野を深めて個性を伸ばしたりするようなことができます。

読書や思考のレベルもぐっと上がり、体の成長とともにできることがどんどん増えてきます。

その後の人生のひとつの土台となる、貴重で重要な時期だと言えます。この時期にしたことは、後々大きな財産となるでしょう。

「10歳からは親の言うことを聞かなくなる」は本当？

「親より友達」になってくる

小学4年生が3年生と比べていちばん大きく違うのは、自己主張というものが出てくることです。

お子さんが4年生になったとたん、

「反抗的になった」

「言うことを全然聞かなくなった」

という親御さんの話を、たびたび耳にします。

これまでお母さんの言うことを何でも素直に聞いていた子が、突然それは嫌だとか、やりたくないとか、こっちをやりたいとか言うようになると、お母さんは戸惑います。

「どうして急に言うことを聞かなくなってしまったのか」と思うのです。

「10歳頃から、子供は言うことを聞かなくなる」

とは、よく言われる話です。

親が全面的に関わり、コントロールできるのは10歳まで。だからこそ、親の言うことを素直に聞く10歳までのしつけが重要だ……とされます。

たしかに、小学校1、2、3年生の時期は、誰でも親の言うことを素直に聞きます。お母さんや先生という大人が模範になる時期で、この時期に子供は、主に母親や父親の後ろ姿を通して自分の生き方を身につけていきます。

一方、4年生以降は、親の言うことよりも友達の方に関心が向き始めます。**親子中心の社会関係から離れ、友達という社会関係の中で、生きるための準備をする移行期間なのです。**

これが中学生になると、友達のウエイトがさらに高まり、そして高校生になると、今度は友達と同じぐらい自己の内面というものが重要になってきます。

反発は自立心を育てる練習

3年生まではまだ親の言うことを素直に聞きますが、4年生からは時々、とくに大きな理由もなく親の言うことに反発するようになります。

それは子供が自立心を育てる練習をしている時期だからです。

親の言うことが気に入らないからという理由だけではなく、**自分の意見を言う力がついたことを試してみたいという気持ちから、親の考えに反対意見を述べることがある**のです。

親への反発は発達の一過程であり、それ自体はむしろ喜ばしいことですが、なかには、その度合いが激しくなり、まったく親の言うことを聞かなくなるという関係になることがあります。

そのひとつの大きな原因は、親が小学1、2、3年生の頃の、子供がよく言うことを聞く時期に、言うことを聞かせすぎたということもあります。

小学1、2、3年生の頃は、親が指示しなければほとんど何もできません。また、子供自身も、親から指示されることを期待して生活しています。

しかし、そこで親があまりにも、あらゆることを指示したとおりにうまくやらせようとすると、成長するにつれて自分が親のロボットのような役割を演じていたことに対する反発が出てくるのです。

対等な信頼関係を築くチャンス

では、子供はもう親の手の届かないところに行ってしまったのでしょうか。もうあきらめて、放っておくしかないのでしょうか。

そんなことはありません。

この時期こそ、今後の親子関係にとって、非常に重要なのです。

これまでのように、一方的に親に庇護される立場からは卒業します。しかし、頭も心も成長する分、より親と対等に関われるようになります。

この時期に、しっかり子供と向き合えば、信頼関係を築くことができます。新しい親子の関係をつくる、むしろビッグチャンスなのです。

そして、この時期にいかに信頼関係を築けたかで、中学生以降の子供との関係性が変わってきます。**中学生になって本格的な反抗期がやってきても、小学生時代にしっかりとした親子関係ができていれば、心配はありません。**

4年生は小学校生活の大きな転換期

ギャングエイジが本格化

ひと口に「小学校最後の3年間」といっても、その入り口である4年生と、まさしく高学年である5、6年生とは違いがあります。

これまで述べてきたように、4年生は大きく変化する時期です。

4年生は3年生とともに「中学年」とくくられ、いずれもギャングエイジ、プレ思春期と呼ばれる時期に該当します。しかし、3年生にはまだ幼さが残ります。ギャングエイジぶりも、友達と授業中にはしゃいでしまうといった程度のかわいいものです。

しかし、4年生となると、その内容も変わってきます。

ある学校では、4年生の最初の学年保護者会で、

「4年生はギャングエイジのまっただ中、難しい年です」

「仲間外しなど、いろいろな問題が起きてくるでしょう」

「心して指導に当たります」

と、学年主任から話があったということです。

実際に、先生への口答え、注意されても無視、友達間での仲間外し、険悪なけんか……と、様々な問題が早々に起きたそうです。


4年生はとくに、友達関係のトラブルが多く起きる年齢です。

勉強にしても運動にしても、「序列」がはっきり見えてくるので、バカにしたりされたりということが出てきます。結果、自分に自信を失う子も多いものです。

とはいえ、**ギャングエイジも一時的なもので、5年生にもなればたいていは落ち着くようです**。

もっとも小学生らしい学年

4年生と5年生以降の大きな違いは、「抽象的な語彙を使った思考ができるかどうか」という点です。

たとえば、「私の友達」という題名で作文を書く場合、小学4年生までは友達との出来事を、ただありのままに書くだけです。5、6年生になると、そこに「友達とは」「友情とは」というような抽象的な要素が入ってきます。

勉強の面でも、4年生の勉強は3年生よりも多少難しくなるとはいっても、本格的な難しさになるのは5年生になってからです。これは抽象度がぐっと増すからです。

4年生のうちは、普通に教科書に沿って勉強していれば、成績の面では心配がいらないはずです。

4年生が物事を抽象的にとらえる力がまだついていないということは、物事を構造的にとらえる力がまだないということにもつながります。作文を書くときでも、4年生までは全体の構成を先に考えてから書くということが、なかなかできません。

構成を先に考える力が育つのは5年生になってからですから、小学4年生の頃の作文は思いついたことをそのまま書き、書きながら次の流れを考えるというような書き方でも十分なのです。

しかし、この小学4年生の頃の作文が、子供がもっとものびのびと書ける時期の作文であり、小学4年生という時期は、子供のもっとも小学生らしい時期だとも言えるのです。

5、6年生は精神的に一気に大人に近づく頃

知的レベルが上がり、物事の裏面が見えるように

先にも書いたように、小学4年生と小学5年生の違いは、小学5年生の方がより抽象的な思考ができるようになるところにあります。

5年生になると、4年生までの物事の表面だけを見る見方から、その物事の背後にある内面的なものに目を向けられるようになります。これが5年生の特徴です。

表の様子がわかるだけでなく、裏のより本質に近いことがわかるようになると、そのわかる力を試してみたくなることもあります。

たとえば、5、6年生で作文の中にウソを書く子がいます。そのウソは、話をおもしろくするための脚色の行き過ぎたようなものですが、作文の中にウソが書かれてい

るのを見ると、たいていの親は驚きます。

ただし、それは大人の考えているような意味のウソではなく、ウソも書けるようになった自分の力を試してみたかったという感覚のウソなのです。

たとえば、お母さんがいなかったときに、自分で料理をつくり、それがレストランで食べるようなすごく豪華なもので苦労したということを書いた子が、実際には簡単な野菜炒めをつくっただけというようなことがありました。

親は、小学5、6年生の頃は、そういうことをしてみたくなる時期なのだということを理解しておくことが大切です。

ウソやいじめが出てくる

この作文のウソはやや微笑ましいものですが、物事の内面がわかるというところから、いじめのようなものが起きることもあります。4年生の頃の、ある意味わかりやすい仲間外しやけんかなどとは、また異質のものです。

いじめが多くなるのは、小学5、6年生から中学1、2年生にかけてです。**中学3年生や高校生になると、いじめのようなものは少なくなっていきます。**

それは、人間の内面性が年齢の成長に伴い、より高度に成長してくるからです。

小学5、6年生は内面が成長し始める時期なので、その内面性は本当は人間の成長の表れなのですが、そのマイナス面が出てくることがあるのです。

その例のひとつがウソで、もうひとつがいじめです。

小学4年生までは、悪いことは悪いことだから、悪いことはしないという矛盾のない考え方

で生きています。しかし、**5年生からは、悪いことは悪いことだとわかっているが、その悪いこともやろうと思えばできる自分がいることがわかるという、一種の発見があります**。

これが、内面性が発達し始める時期に出てくるマイナス面で、これに対処するには5、6年生になってからではなく、4年生までのまだ内面性が出てこない時期に、「あらかじめの教育」*をしておくことが大事です。

たとえば、ウソをつくことはいけないことだとか、人をだますのはよくないことだとか、人をいじめるのは悪いことだというような、いわば当たり前のことを小学4年生までの時期にあらかじめ、言葉として言って聞かせておくのです。

そういう心配のまったくない時期の、そういう心配のまったくないような子に対しても、あらかじめ言っておくということが、あとになって生きてくるのです。

このあらかじめの働きかけによって、5、6年生の内面性が発達してくる時期にも、その内面性をよい方向に生かすことができるようになります。このあらかじめの教育というものが、子供の教育を考えるうえで共通する方法になります。

事態が起こってから対処を考えるのではなく、事態が起こる前の、まだその必要性がない時期に、あらかじめ準備しておくということが、あらかじめの教育です。

＊「あらかじめの教育」とは、江戸時代の儒学者貝原益軒が「和俗童子訓」という著書の中で述べていた言葉。

一方的な「ダメ」「こうしなさい」は効かない。接し方を変える

なぜゲームの時間を限定するのか理由を説明

子供に何かをさせたいとき、「ダメ」「こうしなさい」と言って、言うことを聞かせる方法は簡単です。親も忙しいので、子供に言うことを聞かせるときに、簡単に命令をして済ませてしまう場合も多くなります。

しかし、小学4年生以上になると、親の指示だけでは行動しなくなることがあります。大きな声を出して叱ってやらせようとすることもできますが、いちばん望ましいのは、一人前の大人に指示するように、うまく子供にやらせることです。

単に強制的に、あるいは褒美などで釣って指示するようなやり方ではなく、しっかり理屈を伝えて納得させるということです。4年生はそれができるだけの年齢になっ

ています。

「ダメなものはダメ」ではなく、なぜダメなのか、なぜこれをしないといけないのか、子供を対等な相手として話すことが大切です。

たとえば、ゲームをする時間やインターネットで遊ぶ時間を限定するような場合は、その理由を諄々とじっくり話すのです。

オーバーに思うかもしれませんが、人間がこの世に生まれたことの意味あたりから始めて、人生の時間は限られていること。楽しい時間は必要だが、その時間に流されてしまうと、本当の価値あることをする時間が限られること。それは子供のときの話だけではなく、子供時代に時間を大事にすることを学ぶことによって、大人になってからも有意義な仕事ができるようになること……。そういったことを長くじっくりと話すのです。

子供は、物事の重要性を説明の長さとして受け取るところがあります。長く説明されたことほど、守りやすくなるのです。

それでも、決めたことを破ったり、ダメと言われたことをしてしまったときは叱ることになりますが、短く済ませておしまいにすることが大切です。叱られたとき、子供の心は萎縮しているからです。

「あれほど言っていたのに、守らなかったらダメじゃない！」と厳しく叱ったあとに、子供がしょんぼりしていたら、「まあ、お母さんも子供の頃はよくそうやって叱られたけどね（笑）」という切り替えをしてあげると、子供はほっとします。

しかし、それでも叱った効果は十分に残るのです。

保護者というより「相談役」に

10歳以降は、親は子供に対して保護者というより、「相談役」という立場に変わっていくのが理想です。一方的に指示命令する上下関係ではなく、対等に話をする関係です。そうすることで、子供は自分の頭で考えるようになり、自立心を育てることができます。

ただし、しつけ的なことに関しては、そうしたことはあまり考える必要はありません。むしろ、しつけは、親が頑固にさせるところに意味があります。

ルールの基準は家庭によって様々ですが、親が家庭のルールとして決めたことは何が何でも子供に守らせる、というやり方の方がうまくいきます。

たとえば、人に会ったら挨拶をする、玄関に上がるときは靴を隅にそろえておく、歩きながらものを食べない、目上の人にはていねいな言葉遣いで話す……などといったことです。

子供は何かをしたくないときに、すぐに「なんで」とか「どうして」とか言います。「なんでそんなことをしなきゃいけないの」というような言い方です。

しかし、ここで子供の質問に理屈で説明しようとするのは、よいやり方とは言えません。子供のしつけのほとんどは、とくにはっきりした理由で説明できるようなものではありません。だから、**しつけ的なことに関しては、親は理由もなく頑固だと思われる方が、子供の成長にとってプラスになります。**

「無理を言う親がいてこそ子は育つ」という言葉があります。子供に無理なことをさせるというのは、もちろん長時間勉強させるというようなことではありません。無理の基準は勉強面ではなく、しつけの面ですることに意味があります。

親が、あることに関しては頑固だったということは、子供が成長するにつれてだんだんとその価値がわかってくるものです。そして、甘い親ではなく厳しい親だったことを感謝するようになります。

子供と対等に話をする「相談役」でありながら、一方でしつけに厳しくもある。それは決して矛盾することではありません。

勉強はほどほどがいい

小学校時代の成績で勝負は決まらない

生徒の保護者と話していると、どのお父さんお母さんも、子供の教育についてひとつの葛藤の中にいるように思います。

わが子に、子供らしいのびのびとした生活を送らせたいと思う一方、今の時代は早くから塾に行って勉強を詰め込まないと、成績の面で人に遅れをとるのではないかという葛藤です。中学受験を考える家庭もあるでしょう。

このような**勉強中心の価値観、つまり成績がよいかどうかが子供の幸福な人生の大きな基準になるという価値観は、現代日本の特徴**とも言えます。

子供の勉強というものは歴史的社会的なもので、今の日本の子供の勉強環境がむしろ特殊なのだと考えることが必要です。

小中学校時代の教育の成果というものは、大きく考えれば、社会人になってからどういう結果に結びついているかまで考えなければ、正しい評価は下せません。

今は大学に入学するところまでがゴールになっていますが、それは決して最終的なゴールではなく、単なる社会人になるための入り口のようなところです。

小学校時代に成績がよかったかどうかは、その後の社会人としての生活とあまり結びついていないということは、多くの人が漠然と感じていることではないでしょうか。10歳で神童と言われた子が、15歳でよくできる子ぐらいになり、20歳で普通の人になるというようなケースは意外と多いのです。

しかし、親にとっては、子供の小学生時代の評価は、成績という形でしかはっきり見えるものがありません。だから、その子の大学入学を当面のゴールとみなしてしまうのです。

その子が30代、40代になったときの人生を想定することが大事なのですが、その頃の人生と小学生時代がどう結びつくかわからないので、とりあえず小学生時代の勉強との結びつきがわかる大学入学までを、ゴールにしているということなのです。

小学生の小さい頃から塾に行き、遊びたいのを我慢してがんばって勉強し、その後それなりにいい大学に入り、社会に出てみると、小学校時代遊び呆けていたような友達が、自分と同じようなところで仕事をしていて驚くという話を、社会人になった人から時々聞くことがあります。

つまり、小学校時代のあの過酷な受験勉強は、果たして何だったのか、ただ遠回りしただけではないかと思う、という話です。

本気になるのは高校生からで十分

小学校時代の成績は、やり方がよければ誰でもできるようになる面を持っています。

成績のよし悪しは勉強の方法と勉強の時間にかかっているだけで、実力をつけているかどうかというところまでは見えません。

だから、むしろ高校生になって、本人が自覚して勉強に取り組むようになってからの学力こそが、子供時代の勉強の真の目的であって、その高校時代に入ってからの学力を支える力をつくるのが、小学校時代の勉強だと考えておく必要があるのです。

そのためにどういうことが必要かというと、今の塾での勉強漬けの生活とはある意味で正反対の、次のようなことです。

第一に、**勉強に対する肯定感**です。

勉強というものは苦しいのを我慢してやるようなものではなく、本来おもしろいものだという感覚を持てることが大事です。

第二に、**自分の興味や個性を伸ばす**ことです。

受験勉強は自分の得意分野を伸ばすよりも、苦手分野を埋めることに力を入れて、総合的な成績を上げることが目標になるので、ある意味で個性を伸ばすこととは対極にある勉強と言え

ます。しかし、本当に大事なのは、受験を超えて自分の得意分野を深めていくことなのです。

第三に、**読書の習慣をつけ、その読書のレベルを高めていく**ことです。

受験勉強のもとでは、読書は直接成績に影響するものではないという理由から、後回しにされがちです。しかし、その子の思考力の土台になるのは、勉強よりも読書の方なのです。

第四に、**自分なりに考えたり工夫したりするような思考力を伸ばすための、時間的余裕を持つ**ことです。

受験中心の勉強で成績を上げるためには、試行錯誤のような時間はできるだけ減らし、模範解答のとおりに考えることが要求されます。しかし、社会に出て本当に役立つのは、自分の思考力の方なのです。

これらのことを考えてみると、子供が高校生以降に学力を伸ばすために必要な小学校時代の生活の仕方は、受験中心の勉強とはむしろ反対の、子供らしい余裕のある生活だと言えます。

もし受験勉強をするならば、家庭で独自に志望校の過去問を分析し、その傾向に合わせた勉強に力を入れることと、いろいろな矛盾は必要悪だと割り切って、短期間に集中した勉強をすることです。

いずれにしても、**受験で人生が決まるわけではないという大局観を持つ**ことが必要です。

とくに今成績のよい子ほど、その成績にとどまらず、思考力と創造力と共感力を伸ばし、その子の個性的な興味を伸ばすことに力を入れていく必要があると思います。

「本さえ読んでいれば大丈夫」という思いがある

読書は最大の勉強

時々、こういう人の話が話題になります。

小学生時代、病気だったり他の何かの事情があったりして、学校に全然行かなかった人が、中学生や高校生になり突然思い立って勉強を始めると、ぐんぐん力がつき、それまで学校に通っていた子供たちの学力よりもかえって上になり、希望の大学に合格したという話です。

なぜこういうことが起きるかというと、子供時代はもともと考える力が自然に育つ時期で、その考える力には**勉強を通して考える力もあるし、遊びを通して考える力もあるし、読書や対話を通して考える力もある**からです。

考える力さえあれば、勉強の知識や技能はごく短期間で身につく、ということなのです。

このように、勉強らしい勉強をしなかったにもかかわらず、勉強に興味を持ち始めるとぐんぐんと力がつくという子に、共通している要素があるように思います。それは、読書をしていたということです。

もちろん例外はありますが、本を読むことによって育つ思考力というものは、勉強や遊びを通して育つ思考力とやや異なるところがあります。それは、**文章という言葉を通して身につく思考力**だからです。

勉強の中でも、遊びの中でも、子供たちは言葉を使って、ものを考えています。スポーツや音楽に取り組むときでも、人間は言葉で考えたり感じたり受けとめたりする中で、その身体的動作を行っている面があります。

運動や音楽そのものの中にではなく、その背後に言葉による認識が流れているといった感覚です。

その言葉を通して考える思考力が、もっとも直接に現れるのが読書です。本を読むことによって思考力、つまり言葉を通して見たり感じたり、考えたりする力が育ってきます。

荒れている中学校に行っても流されない

「朝の10分間読書」は、現在全国の小・中・高校を合わせて2万7434校で行われているそうです（平成29年5月1日現在「朝の読書推進協議会調べ」）。

この「朝の10分間読書」をもとにした調査から、いくつかわかってきたことがあります。そのひとつは、学校で読書時間を設けるようにすると、子供たちの成績が上がるという調査結果です。もうひとつは、中学生の場合、学校の読書ではなく家庭での読書量の差が成績と相関するという結果です。

人によっては、本を読んでいる暇があったら勉強した方がよいと考える人もいます。

本とひと口に言っても、漫画に近いストーリー中心の軽い本から、哲学的な思考を必要とする重い本まで、いろいろな本がありますから、読むことがどれだけ学力のプラスになるかということはひと言では言えません。それでも読書という、言葉を通して考える時間を持つことが、子供の学力を向上させる土台となっていることは、十分に考えられます。

これまでに見聞きした範囲でも、読書好きな子は考え方の奥行きが深いところがあります。同じものを見る場合でも、重層的に見ることができるのです。

荒れている中学校に行ったとしても、その荒れている環境に流されやすいのは、読書をしていない子です。**読書をしている子は、自分の内面世界があるので、周囲の影響から独立した生き方ができる子が多い**のです。

私は、読書が好きで、考える力のある子は、平穏無事な環境よりもむしろ悪い環境にいた方が、学ぶことがあってよいのではないかとさえ思っています。

東北大学教授の川島隆太さんの最近の調査によると、読書をしている子は短い時間で成績が上がり、読書をしていない子は長い時間かけないと、同じようには成績が上がらないという結果が出ています。

これは勉強の力というものが、単なる教科書や参考書の上だけでなく、その勉強の土台となる読書によって支えられていることを示しています。

こういうことがわかると、**「勉強している暇があったら、本を読みなさい」**と言うお母さんも、これから増えてくるのではないかと思います。

第2章で、この時期おすすめの本もご紹介します。

低学年のときはまだ絵本の読み聞かせをしていても、この頃はもうしていない、という家庭も多いかと思います。けれども、まだまだ親が関われる時期。一緒に図書館や書店に行って、本を探してみるのもいいですし、ひとまず親が買ってきて家に置いておくのもいいでしょう。やがて子供が、それらの本の何冊かを手にとるようになります。

親の人生観を伝えていく絶好の時期

子供の頃のエピソードを話す

小学生時代は、親の人生観を子供に話す絶好の時期です。とはいえ、そういう話を実際にすることは普通は難しいものです。

私も子供時代、食事のときなどに父親から、戦争中や戦後のいろいろなエピソードを聞かせてもらったことがありますが、父親のことを詳しく知ったのは、もっとあとになってからです。

父は晩年になると、よく故郷である岐阜県の田舎に行きたがるようになり、田舎で何か行事があると一年に一回は行くようになりました。

それが数年間続いたのですが、横浜から名古屋を通って岐阜まで行くのに、車で4時間ほどかかります。

その頃は、父は足も心臓も弱くなっていたので、駅の階段の昇り下りなどが難しいため、車で行くしか方法がありませんでした。平地を歩くときも、時々途中で立ち止まって息を整えるような状態でしたし、話す内容も見当違いなことがかなりあるような状態でした。

それでも4時間余りの車の中で、いろいろな話を聞きました。それは、父の子供時代から青年時代にかけてのとりとめのない思い出話でしたが、初めて聞く話が多く、そこで改めて父親の生きてきた歴史というものを知ったのです。

その話の中には、こんなこともありました。

戦争中、中国の人たちの宴会に呼ばれ、さんざん老酒を飲まされ、前後不覚になって宿舎に戻り、朝起きてみると軍刀がない。青くなって探していると、世話をしてくれている女の子たち二人が来て、「これ、大事なものだと思うから、私たちが持ってきた」と渡してくれたという話です。

そういうことを、話があちこちに飛びながら、何時間も懐かしそうに話してくれました。

それまで聞いたことがない、父親の若かった頃の話を聞き、そういう時間を共有できたことが、私が父親に対してできた数少ない親孝行になったのではないかと思います。

中学生になってからは難しい

翻って考えてみると、日本の父親母親が、自分の子供に自分の生きてきた経過を話し、その経験を子供に伝えるというような機会は、まずほとんどの家庭でないのではないかと思います。

しかし、父親と母親によるこういう話は、子供に伝えていく必要があります。

子供は、小学校中学年までは現実の素朴な現象の世界に生きています。晴れていたら嬉しいと思い、雨が降ったら嫌だと思い、夏は暑いと思い、冬は寒いと思うような生き方です。

ところが、**抽象的な思考が育つ小学校高学年になると、雨にも負けない生き方とか冬の寒さに抗する生き方とか、物事の現象面を超える精神的な受けとめ方ができるようになります。**

これが抽象力の成果とも言えるものです。

親が子供に対して話すことは、そのほとんどが日常生活の必要に応じて話す内容ですから、物事の表面的な話に終始します。

しかし、子供が小学校高学年になり、抽象的な考え方ができるようになった頃には、親の人生観を自身の体験を通して伝えていく必要があると思うのです。

子供が中学生になると、親が子供に人生の話

をするような機会はとれなくなります。それは、子供自身が自分の新しい人生をつくることに精一杯になる時期で、親の人生観を聞くようなことはむしろ避けたくなる時期だからです。

「あらかじめの教育」ということを考えるならば、子供が自分の新しい生き方を形成しようとする中学生時代に入る前の段階で、子供に親の人生観を話していく必要があります。

しかし、小学3年生までは、そういう話を十分に聞き取れる精神年齢に達していないので、小学5、6年生の時期こそが、親が子に様々なものの見方や人の生き方を伝える機会になるのです。

第2章

高学年も家庭学習で学力を伸ばす

勉強が難しくなる高学年も家庭学習で十分間に合う

自分で解法を見ながら問題集を解くスタイル

小学4年生から勉強がやや難しくなり、5年生になるとそれが急に難しくなります。勉強がわからないとか苦手だとかいう子が、急に増えてきます。

小学3年生までは勉強の基礎を学ぶ時期ですから、漢字の書き取りや計算の練習のように、速く正確にできることが目標となる内容のものが中心です。この基礎を身につける勉強は大事ですが、それに適応しすぎると、逆に高学年になってからの応用の勉強に切り替えることが難しくなる場合もあるのです。

小学校低中学年の勉強は内容が易しいので、様々におもしろさを工夫した教材が出されています。すると、そのおもしろい新しい教材を次々と解くような勉強スタイルになってしまうことがあります。

3年生までの勉強は、正解できる問題がほとんどで、間違っているものも間違いの原因がわかればすぐに間違えなくなるものばかりです。だから、一回だけ解いておしまいにするような問題集のやり方でも問題はありませんが、小学校高学年になると一度ではできるようにならない難しい問題が出てきます。

1冊の問題集を、できない問題を残したまま終わりにし、次の新しい問題集に取り組むという形の勉強になると、新しい問題集でもまた、できる問題もできない問題も同じように作業的に解くことになり、勉強の時間はどんどん長くなっていきます。

問題集の中には、必ずしも解くことが必要な問題ばかりではなく、答えを見て確認すればいいだけの問題や、解かなくてもわかる問題などもあります。

だから、問題を解く場合でも答えはすぐ横に置いておき、問題と答えと照合しながら勉強をし、解き方がわからない場合は、すぐに答えを見て解法を理解するというスタイルの勉強に切り替えていく必要があります。

中3まで親が勉強を見てあげられる

小学校高学年になると、子供に聞かれても親が答えられない問題が出てきます。実はこのときが大事です。

多くの人がここで、親が教えられないから塾に任せようと思ってしまいます。しかし、ここでいったん親が勉強の内容から手を引くと、その後、子供の勉強の内容に戻ることはさらに難しくなります。

休みの日などを利用してでも、子供のできなかった問題を解法を見て理解できるようにすれば、親には年の功というものがあるので、ほとんどの場合子供に教えられるようになるのです。

この勉強の仕方を続けていけば、子供が中学3年生になるまで、勉強内容を見てあげることができるようになります。

親が子供の勉強内容を理解できるということは、子供の勉強能率を高めるもっとも

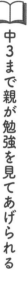

よい方法で、塾に任せて子供の勉強の内容が点数だけでしかわからなくなることに比べると、ずっと早く子供の勉強の改善ができるようになります。

私の高校時代、物理の先生があるときこう言ったのを覚えています。

「こういう問題を、今は君たちは難しいと思っているかもしれないが、20歳になれば誰でも簡単にわかるようになるんだよ」

年齢による理解力の進歩というものがあるので、難しい問題にぶつかったときでも、親は子供よりも早く理解することができるのです。

難しい算数の問題も、慣れればできるように

なります。難しい国語の文章も、慣れれば読めるようになります。**すべての問題は、慣れればできるようになる**という点から見ていけば、子供も楽ですし、親も気長にかまえることができます。

理解することによってできるようになるという考え方をすると、子供は自分にはできないとすぐに言うようになり、親は1日で理解できるようにさせようとして、長時間教え込むようなやり方で勉強をさせるようになります。

慣れればできるとわかっていれば、その日には軽く教え、またできなかった次の日にも軽く教え、3日目にも4日目にも軽く教えていくだけで、自然にできるようになるという教え方ができるようになるのです。

国語の勉強法

漢字を含めた日本語の読み書きをしっかりと

国語の勉強は、国語の成績を上げるためにするというよりも、学力の基礎である国語力を育てるためにすると考えておくことが大切です。

この場合の国語力とは、ひと言で言えば、日本語の読み書きがしっかりできるということです。

小学校時代の教育の目的は、この日本語の読み書きがしっかりできるようにすることと、算数の計算の基礎ができるようにすることだけといってもいいのではないかと思います。あとの勉強は、必要になったときにやれば間に合うものだからです。

低中学年では、国語力は漢字の読み書きの力のようなところに置かれています。漢字を読める、そして書けるということは、その後の国語力の基礎になるものです。

漢字の読み書きについては、読みと書きで勉強の仕方が違います。

漢字を読む力は、主に読書によってつくられるものです。ですから、ふりがなつきの本を読む機会が増えれば、漢字の読みは勉強をしなくても自然にできるようになります。

ところが、漢字の書き取りに関しては、その漢字を読書によって読めるようになるということだけでは不十分です。漢字の書き取りは、書き取りの勉強として、独自にやっていかなければ成績は上がりません。

ただ、**読書をしていて漢字の読み方をよく知っている子は、書き取りもできるようになるのが早い傾向があります**。

多読と精読で読書を深める

国語の勉強の本質は、難しい文章を読めるようになることと、難しい文章を書けるようになることです。それはつまり、難しいことを考えられるようになることと言ってもいいと思います。

それにはやはり、本を読むことです。理解力の高まる4年生以降は、ますます読書が重要となり、読書に広がりも深みも出てきます。

読書には多読と精読があります。

多読とは、文字どおり「多く読む」ことです。たくさんの本を読むことは、知識を増やす面と、自分で書くときの文章がリズミカルになるという面で、効果があります。

精読とは、同じ本を繰り返して読むことです。**繰り返して読むことによって、考える力が育ちます。**

小学校時代の読書は、この2つの読み方が必要で、とくに重要なのは何度も繰り返し読みたくなる本があるということです。

何度も繰り返して読みたくなる本は、小学生の場合は説明文になることが多いものです。

ストーリーのある本は、結末がわかるとそれほど繰り返して読みたくなるわけではありません。しかし、説明中心に書かれている本は、折に触れて開いて読むような読み方ができます。

最近では、子供の科学的な読み物として、低学年から読める説明文の本が数多く出ています。物語文の本と並行して、こういう説明文の本を繰り返して読むような読み方ができれば、子供たちの思考力はバランスよく成長していきます。

次ページから、この時期にぜひおすすめの、物語の本と説明文（知識系）の本をご紹介します。

「物語」の本

高学年になると、読める本もぐっと増えてくる。人気の本から古典的名作、大人向けの本まで、読書が楽しくなるおすすめを紹介。

クレヨン王国の十二か月

福永令三／作　椎名優／絵
講談社　670円

全47巻刊行された「クレヨン王国」シリーズの新装版。家出したクレヨン王国の王様を探す王妃様と、ユカの不思議な旅。季節の描写が美しい。

宇宙人のいる教室

さとうまきこ／作　勝川克志／絵
金の星社　1200円

ちょっと変わった転校生の星レオナ。ぼくはひそかに宇宙人じゃないかと疑うけれど…。自然の美しさと人間のやさしさにあらためて気づかせてくれる。

電車で行こう!
新幹線を追いかけろ

豊田巧／作　裕龍ながれ／絵
集英社　580円

電車大好きの小学生が集まった「トレイン・トラベル・チーム」。人探しなどのミッションに挑むシリーズの第1巻。時刻表や路線図をからめたストーリー。

※本書に掲載されている書籍の価格はすべて本体価格（税別）です

ふしぎ駄菓子屋 銭天堂

廣嶋玲子／作　jyajya／絵
偕成社　900円

幸運な人だけがたどり着ける、不思議な駄菓子屋・銭天堂。女主人紅子が、今日もお客さんの運命を駄菓子で翻弄。シリーズは10巻以上刊行。

「まま、おちついて。紅子さんは、プレゼントをとどけに来たんでござんすからね」

「プ、プレゼント？」

「ええ。若いおじょうさんがね、うちのお菓子を買ってくれたんでござんすよ。本日のお宝、平成元年の五百円玉をお持ちだった、おじょうさん。でも、ようすがおかしいんで、ちょいと話をきいてみたら、お菓子を買ったのは自分のためじゃなくて、同じアパートに住んでる、ぼっちゃんたちのためだっていうんでござんすよ」

すみれおねえちゃんのことかなと、翔平は思った。

同じアパートに住んでいる大学生のすみれおねえちゃんは、なにかと翔平たちにやさしくしてくれ、ちょこちょこ食べ物を持ってきてくれた。翔平も北斗も、すみれおねえちゃんのことが大好きだけど、あまりあまえることはできなかった。ママの目が光っているからだ。

自分の子どもがよその人に親切にされるのが、ママは大きらいなのだ。すみれおねえちゃんのところにも、このまえ、どなりこんだはずだ。

「うちの子におにぎりをよこすなんて、何さまのつもり？ そういうのって、めいわ

びりっかすの神さま

岡田淳／作・絵
偕成社　1200円

つばさをはためかせ教室を飛び回る背広姿の小さな男。転校初日、始が目にしたのはびりになると見える神様で…。岡田氏には『二分間の冒険』なども。

キャプテンはつらいぜ

後藤竜二／作　杉浦範茂／絵
講談社　680円

解散寸前の、弱小少年野球チーム「ブラック・キャット」。キャプテンにされた勇は奮闘するが…。キャプテンシリーズは他に2冊。

黒ねこサンゴロウ 1
旅のはじまり

竹下文子／作　鈴木まもる／絵
偕成社　1200 円

一人旅を愛する船のり、黒ねこサンゴロウの冒険を描いたシリーズ。ぶっきらぼうだけど心の温かいサンゴロウがかっこいい。全10 巻、各読み切り。

シノダ! 1
チビ竜と魔法の実

富安陽子／作　大庭賢哉／絵
偕成社　1200 円

信田（しのだ）家の3 人の子供達には重大な秘密が。実はママがキツネ。親族のキツネ達のせいでトラブルに巻き込まれ…。ユーモアあふれるシリーズの第1巻。

かくれ山の冒険

富安陽子／作・絵
PHP 研究所　1300 円

小学生の尚は雑木林で、かくれ山という異界に入り込んでしまう。そこには天狗や鬼、やまんばがいて…。脱出までの冒険と成長を描くファンタジー。

サッカーボーイズ
再会のグラウンド

はらだ みずき／作
KADOKAWA／角川つばさ文庫
680 円

ジュニアチームでサッカーに打ち込む遼介。6 年生になって早々にキャプテンをおろされてしまう。初めての挫折…。サッカーにかけるひたむきな青春シリーズ。

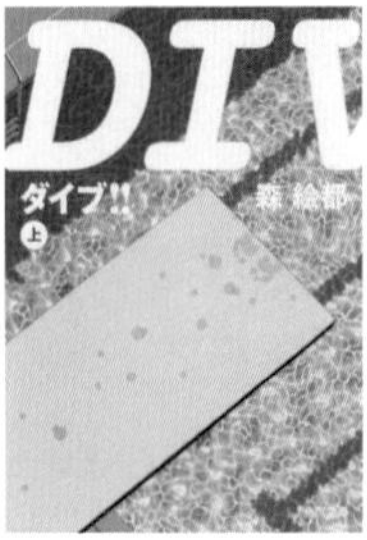

DIVE!! 上

森絵都／作
KADOKAWA／角川文庫　640 円

映画やアニメにもなった、水泳の飛び込み競技を題材とする青春小説。わずか1.4 秒の競技に賭ける少年たちの熱気を描く。上下巻。

きみの友だち

重松清／作
新潮社　670 円

優等生、おとなしい子、人気者…。登場する8人の「きみ」たちそれぞれが心の中に抱えているものを、友だちとの関わりを通して描き出した連作長編。

八月のひかり

中島信子／作
汐文社　1400 円

5年生の夏休み。美貴は外に遊びにもいかず、働くお母さんのかわりに料理や洗濯をしていた。子供の貧困を子供の視点から描いた物語。

ある晴れた夏の朝

小手鞠るい／作
偕成社　1400 円

反戦がテーマ。日系、中国系、ユダヤ系と出自の様々なアメリカの8人の高校生が、広島・長崎に落とされた原子爆弾の是非をディベート。議論の行方は?

かがみの孤城

辻村深月／作
ポプラ社　1800 円

謎の城に集められた不登校の子供たちが、助け合いながらそれぞれの生き方を見つけていく。登場人物は中学生だが、小学校高学年にもすすめたい。

少年探偵 1
怪人二十面相

江戸川乱歩／作
ポプラ社　600 円

名探偵明智小五郎と、助手の小林少年を団長にした少年探偵団の活躍を描く名シリーズ。明智探偵の推理が冴えわたる。乱歩入門に。

きまぐれロボット

星新一／作　あらゐ けいいち／絵
KADOKAWA／角川つばさ文庫
640 円

なんでもできる便利なロボットが、だんだん自分勝手な行動を…。星氏のショートショートの中で小学生にもわかりやすい内容。表題作他、27 編を収録。

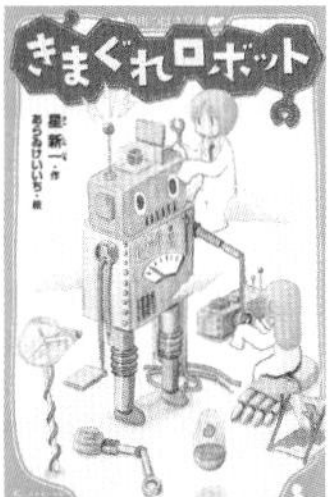

古事記物語

福永武彦／作
岩波書店　720 円

日本で最古と言われる書物「古事記」を、少年少女向けにやさしく書き直したもの。ヤマトタケルの話など、古代の祖先の生活や感情が伝わってくる。

ギリシア神話

石井桃子／編・訳　富山妙子／絵
のら書店　2000 円

プロメテウスの火、パンドラ、ヘラクレスの十二のぼうけん、トロイア戦争他24 編を収録。名翻訳家の石井氏の訳文が格調高い。

芥川龍之介短編集
くもの糸・杜子春

芥川龍之介／作　百瀬義行／絵
講談社　570 円

「くもの糸」「杜子春」「魔術」「トロッコ」「鼻」など、著名で子供にも読みやすい短編を収録。文豪の名文を味わいたい。

決定版 心をそだてる はじめての落語 101
高田文夫／監修　石崎洋司、金原瑞人、もとしたいづみ、令丈ヒロ子／文
長野ヒデ子ほか／絵
講談社　2800 円

「寿限無」「時そば」「まんじゅうこわい」などの古典落語を、子供にわかりやすい文章で。落語の魅力がわかる。1 話が短く、読みやすい。

おじいさんのランプ
新美南吉／作
偕成社　800 円

「ごんぎつね」「てぶくろを買いに」で有名な新美南吉の童話集。表題作他、「ごんごろ鐘」「最後の胡弓ひき」など10編を収録。美しい文章。

小川未明童話集
小川未明／作
新潮社　460 円

「赤いろうそくと人魚」「野ばら」「月夜と眼鏡」など悲しくも美しい人間の生き方をしみじみと感じさせる。日本を代表する童話作家の作品集。

はてしない物語

ミヒャエル・エンデ／作
上田真而子、佐藤真理子／訳
岩波書店　2860 円

主人公バスチアンが、読んでいた本の世界に入り込み、旅を通じて本当の自分を探すファンタジー。エンデの著名な作品には『モモ』も。

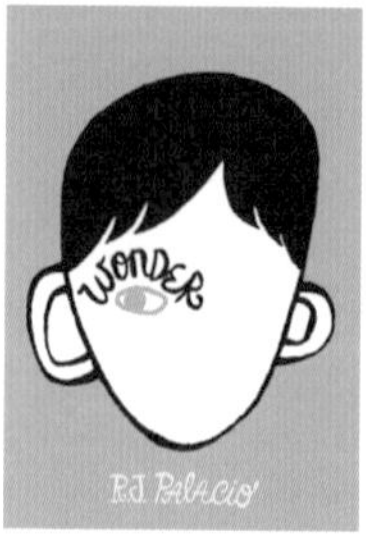

ワンダー

R・J・パラシオ／作　中井はるの／訳
ほるぷ出版　1500 円

生まれつき顔に障害があるオーガスト。あたたかい家族の中で明るく育つが、学校に通い始めると…。差別や偏見との闘い、勇気・友情が感動的に描かれる。

パーシー・ジャクソンとオリンポスの神々 盗まれた雷撃 1 ー上

リック・リオーダン／作　金原瑞人／訳
静山社　740 円

パーシー・ジャクソンは、あるとき突然、ギリシャ神話の神々の子供であることを告げられ、ミノタウロスなどの怪物に襲われる…。ファンタジーシリーズ。

ぼくだけの山の家

ジーン・クレイグヘッド・ジョージ／作
茅野美ど里／訳
偕成社　1600 円

ニューヨークの家を出てサムが向かったのは、曾祖父の住んだ深い森。大木のうろを住みかとし、ハヤブサとともに1年過ごす。少年の自然の中での奮闘を描く。

百まいのドレス

エレナー・エスティス／作　石井桃子／訳　ルイス・スロボドキン／絵
岩波書店　1600 円

「ドレスを百まい持ってる」と言い張る、貧しいポーランド移民のワンダ。彼女をからかう女の子たち。良くないことと思いつつ見て見ぬふりのマデライン…。差別、いじめ問題の本質を映し出す。

小さい魔女

オトフリート・プロイスラー／作　大塚勇三／訳　ウィニー・ガイラー／絵
学研プラス　900 円

127 歳の新米魔女。良い魔女になろうと修行に励み、あの手この手の魔法を使うけれど、いつも失敗ばかり…。明るくてユーモラスな物語。

マチルダは小さな大天才

ロアルド・ダール／作　宮下嶺夫／訳
クェンティン・ブレイク／絵
評論社　1400 円

とても頭のよいマチルダ。でも両親は無理解で怒鳴り散らす。学校には横暴な女校長が。高圧的な大人たちに頭脳で立ち向かう、痛快仕返し物語。

歯みがきつくって億万長者

ジーン・メリル／作　岡本さゆり／訳
平野恵理子／絵
偕成社　1300 円

12 歳の男の子が手づくりの歯みがきを売り出し、億万長者に。ユーモラスなサクセス・ストーリーを読みながら、経済の仕組みも理解できる。

飛ぶ教室
エーリヒ・ケストナー／作
池田香代子／訳
岩波書店　680円

1930年代の作品。ドイツの寄宿学校（ギムナジウム）で暮らす、生い立ちも性格もまったく違う少年たち。涙と笑いの詰まったクリスマスの物語。

オリエント急行殺人事件
アガサ・クリスティ／作
花上かつみ／訳　高松啓二／絵
講談社　820円

名探偵ポワロが登場する、クリスティ作品の代表作。雪に閉じ込められた豪華列車オリエント急行の中で起きた密室殺人。ミステリーの楽しさを。

シャーロック=ホームズ全集1 緋色の研究
コナン・ドイル／作　各務三郎／訳
偕成社　1200円

名探偵ホームズの全作品（長編4・短編56）を完全収録したシリーズ第1巻。ホームズ初登場。初版発表当時のイラストを使用、味わいがある。

レ・ミゼラブル（上）
ヴィクトル・ユゴー／作　清水正和／編・訳　G・ブリヨンほか／絵
福音館書店　2500円

たった1個のパンを盗んだために囚人となったジャン・ヴァルジャンの数奇な運命。19世紀フランス文学を代表する作品。

「説明文」の本

ノンフィクション。伝記や歴史、法律などの社会科系、科学や生物、数学、実験など理科系の本。知識を深める一助に。

〈社会科系〉

こども六法

山崎聡一郎／作　伊藤ハムスター／絵
弘文堂　1200 円

「法律は自分を守る武器になる」をコンセプトに、生きた知識としての法律をイラストつきでわかりやすく解説。いじめ問題を考えるきっかけにも。

自分に負けないこころをみがく! こども武士道

齋藤孝／監修
日本図書センター　1500 円

新渡戸稲造の『武士道』を子供向けに超訳。名著のエッセンスを24 の言葉で。シリーズは他に『こども孫子の兵法』『こども菜根譚』など。

世界でいちばん貧しい大統領からきみへ

くさばよしみ／編
汐文社　1200 円

質素な暮らしから「世界でもっとも貧しい大統領」として知られる、ウルグアイのムヒカ元大統領。「物のために生きてはならない」と説く言葉が沁みる。

ビジネスが人生でもっとも大事なものだと思うなら、
わたしは何もいうことはない。
わたしがもっとも大事だと思うのは、命と幸せなんだ。

だって奇跡なんだよ、生きているということは。
何よりも価値があり、
短く、二度と戻ってこない。

だから、この世にいる間に
できるだけ幸せに暮らすことを心がけるべきなんだ。

死んだら天国にいくという宗教があるけれど、
天国はこの世にあるべきなんだ。
天国の扉は、
自分の心に、自分の意志にある。
ほんとうらしいことに、惑わされてはいけない。

キリンの運びかた、教えます 電車と病院も!?

岩貞るみこ／作　たら子／絵
講談社　1300 円

岩手から東京へ、トラックでキリンを運ぶ。治療を続けながら、病院を移転…。「運ぶ」プロたちの仕事の舞台裏。

盲導犬不合格物語

沢田俊子／作　佐藤やゑ子／絵
講談社　620 円

盲導犬の訓練を受けても、適性がなく盲導犬になれなかった犬たちはどうなる?麻薬犬や介護犬など、それぞれの場所で活躍する姿に感動。

おもしろくてやくにたつ子どもの伝記 シリーズ
（野口英世）

ポプラ社　880円

全20巻の伝記シリーズ。野口英世の他にナイチンゲール、エジソン、坂本竜馬、手塚治虫等、国内外の偉人を網羅。情報豊富な資料ページあり。

火の鳥伝記文庫 シリーズ
（エジソン）

講談社　650円他

新書サイズで読める伝記シリーズ。100人以上の歴史上の人物が並ぶ。事実に基づいた話で大人も楽しめる。作文の伝記実例として生かすこともできる。

杉原千畝物語
命のビザをありがとう

杉原幸子、杉原弘樹／作
金の星社　1400円

第二次大戦中のリトアニア日本領事館。外務省の命令に背き、迫害された多くのユダヤ人難民に日本通過のビザを発給、命を救った外交官の物語。

コンチキ号漂流記

ハイエルダール／作　神宮輝夫／訳
偕成社　800円

南太平洋の島に住むポリネシア人が、南米のインディアンの子孫だという説を立証するために、古代の材料でつくったいかだで航海を試みた人類学者の冒険。

東大教授がおしえる やばい日本史

本郷和人／監修　滝乃みわこ／文
和田ラヂヲ／絵　横山了一／漫画
ダイヤモンド社　1000円

日本の歴史をつくった「すごい」人は、同じくらい「やばい」人だった! 紫式部、織田信長、伊達政宗…。知らなかった裏の顔。楽しみつつ歴史を学ぶ。

キャラ絵で学ぶ！ 仏教図鑑

山折哲雄／監修
小松事務所／文　いとうみつる／絵
すばる舎　1600円

お釈迦様は本当にいたの?お寺には何があるの?…身近だけど実は知らない仏教について、楽しいイラストでわかりやすく解説。

〈理科系〉

わくわく昆虫記　憧れの虫たち

丸山宗利／文　山口進／写真
講談社　2000円

注目の昆虫学者・丸山宗利氏と、「ジャポニカ学習帳」の写真家山口進氏がコラボ。季節ごとに、懐かしい虫たちが勢揃いする、写真エッセイ。

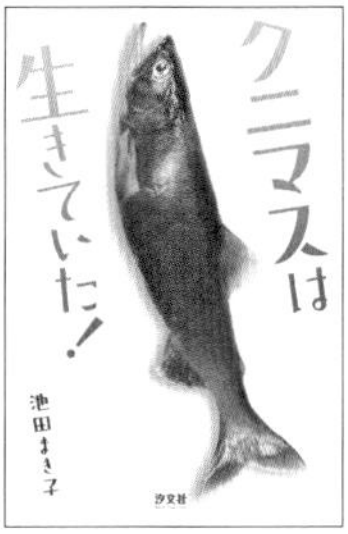

クニマスは生きていた！

池田まき子／作
汐文社　1500円

秋田県の田沢湖に生息し、絶滅したクニマス。最後のクニマス漁師・久兵衛さんは、卵が全国の湖に移植されていたことを知り…。「命」の物語。

森は生きている

富山和子／文　大庭賢哉／絵
講談社　650円

森林は見えないところで人間の暮らしを支えている。『川は生きている』『道は生きている』『海は生きている』などに続く、人間と自然を考えさせる本。

ジュニア空想科学読本

柳田理科雄／作　藤嶋マル／絵
KADOKAWA　660円

タケコプターが本当にあったら空を飛べる? かめはめ波を撃つにはどうすればいい? アニメやマンガでおなじみの現象を科学的に検証する本。シリーズで刊行されている。

科学漫画サバイバル シリーズ
（人体のサバイバル 1）

朝日新聞出版　1200円

韓国発の科学マンガ。昆虫世界から地震、異常気象、人体、アレルギー、AIなど、科学の様々なテーマを冒険ストーリーで学べる。

おもしろい!進化のふしぎ ざんねんないきもの事典

今泉忠明／監修　下間文恵、徳永明子、かわむらふゆみ／絵
高橋書店　900円

クラゲは口と肛門がいっしょ。サイの角はただのいぼ…。「どうしてそうなった!?」。ちょっと残念な生き物の進化を、楽しみながら学べる。

宇宙への秘密の鍵

ルーシー&スティーヴン・ホーキング／作
さくまゆみこ／訳
佐藤勝彦／日本語版監修
岩崎書店　1900 円

ホーキング博士が子供たちのために書いた、スペース・アドベンチャー。宇宙の起源、太陽系、ブラックホールなどの最先端知識が身につく。

素数ゼミの謎

吉村仁／文　石森愛彦／絵
文藝春秋　1500 円

17 年あるいは13 年おきに何億匹も現れる不思議なセミ。「周期ゼミ」の変てこな暮らしの謎に、生態学者の吉村氏が進化の歴史物語から迫る。

科学と科学者のはなし 寺田寅彦エッセイ集

寺田寅彦／文　池内了／編
岩波書店　720 円

名随筆家でもあった、明治の物理学者の科学エッセイ。茶碗の湯からなぜ湯気が出る?電車の混雑には法則がある?身近な出来事を科学的に考察する。

理系アタマがぐんぐん育つ
科学の実験大図鑑

ロバート・ウィンストン／作
西川由紀子／訳
新星出版社　2400 円

ゴムバンドでつくる「惑星」、小麦粉で「噴火する火山」など、身近な材料だけできる、楽しくて安全な28 の実験。科学のしくみもしっかり解説。

でんじろう先生の
学校の理科がぐんぐん
わかるおもしろ実験

米村でんじろう／監修
主婦と生活社　1380 円

小学校で習う理科実験の原理を使った、自宅で簡単にできるおもしろ実験。空気や水、光、火、電気などを使って。親子で楽しめる。

リサイクル・ネイチャー素材で作る　小学生のアイデア工作　改訂版

蓮見国彦／監修
学研プラス　980円

ペットボトルなどの身近な素材や、海や山で見つかる素材を生かした工作のアイデアがいっぱい。夏休みの自由研究はもちろん普段の遊びにも。

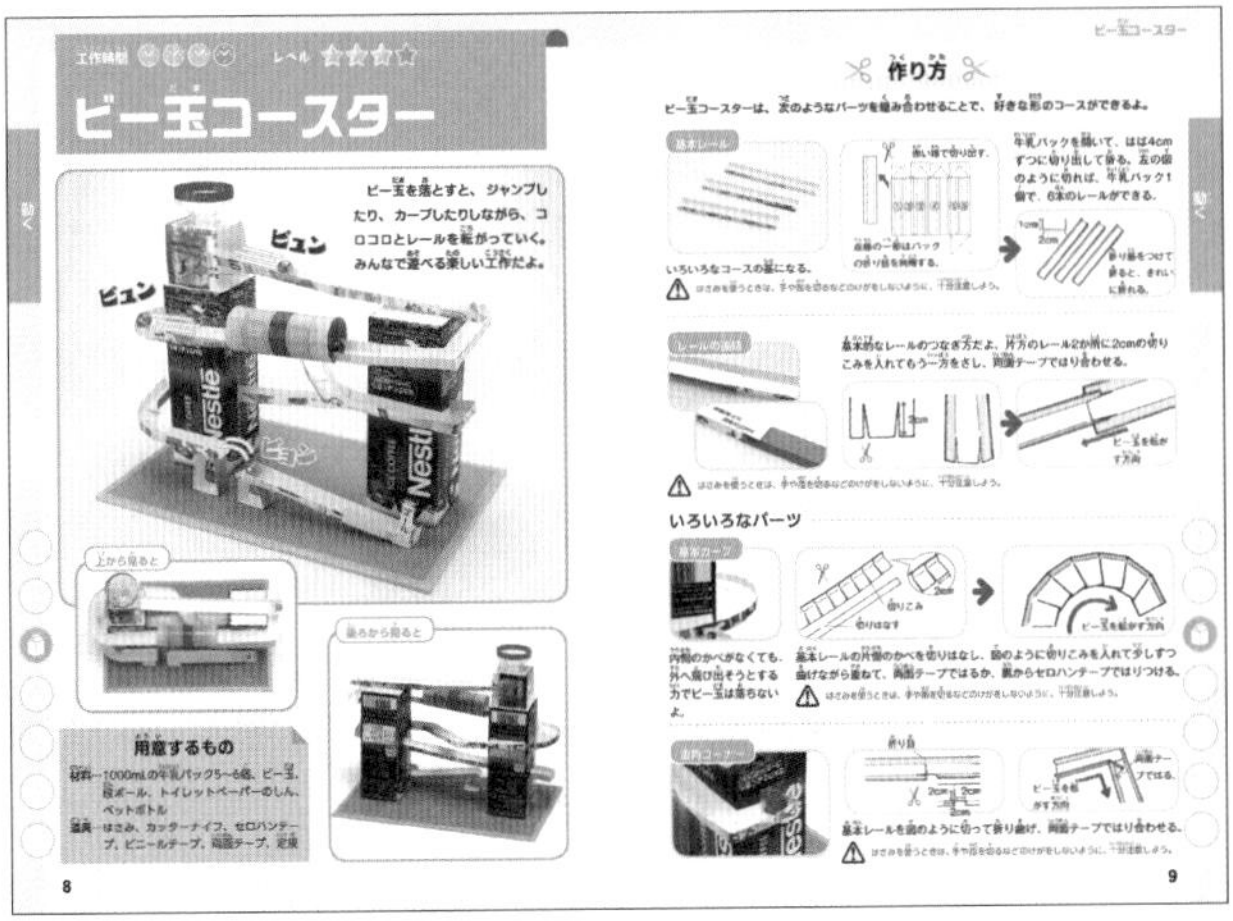

小学生の自由工作パーフェクト　高学年編

成美堂出版編集部／編
成美堂出版　800円

UFOかざぐるま、どっかん花火、ミニプラネタリウム、おかしの家…。遊べる工作から動く工作、飾る工作まで。つくり方がていねいに書かれている。

算数の勉強法

「苦手ではない」レベルを保つ

算数は、成績の差がつきやすい教科です。

算数の勉強に力を入れていると、算数的な感覚が身につきます。算数的な感覚とは、理屈どおりにやれば必ず正解に到達するはずだという、物事に対する確信のようなものです。

子供時代に算数が苦手になると、大学入試で選択の幅が狭くなります。

算数は将来、統計や確率を使って自分の仕事に生かすような可能性も考えて、算数が苦手ではないというところまで持っていくことが大切です。得意というほどではなくても、苦手ではないということが大事なのです。

算数のいちばんの基礎は、速く正確な計算です。

一般に、受験の算数でも、計算力はかなり必要になります。とくに公立中高一貫校の算数的な問題は、教科書を超えた難しい問題を出せないという制約から、複雑で時間のかかる計算をさせ、点数の差をつけるという性格の問題になっている面があります。

計算が得意な生徒は、それだけで算数の問題を解くときに、かなり有利な立場にいると言っていいと思います。

低学年のうちはもちろんのこと、高学年になっても計算力を磨くのが大切です。

繰り返せば必ずどんな問題でも解ける

高学年になると、算数に考える要素が入ってくるので、問題が急に難しくなります。

たとえば、「異なる時間間隔で出発する電車が、ある時刻に同時に出発して何分後に再び同時に出発するようになるかを最小公倍数で求める」というような問題とか、

「三角形の内角の和が180度であることを利用して、任意の多角形の内角の和を求める」というような問題です。

解法を理解すれば誰でもできるようになる問題ですが、解法を教えてもらわないまま難しいからわからないと思ってしまうと、算数の授業時間が次第に苦痛になります。実は、こういう子が意外と多いのです。

算数は、解法を教えてもらうか自分で理解するかした後、繰り返し同じ問題を練習すれば、最初は難しいように見えていたことも、やがて半ば条件反射的にできるようになります。

だから、**算数は、子供が苦手意識を持つ前に、できなかった問題だけを早めに家庭で教えてあげるようにするといい**のです。

この場合、大事なのは家庭で教えるということです。学校の先生や塾の先生に教えてもらうということにすると、子供は遠慮して、よくわからないこともわかったことにしてしまうからです。

問題集は書き込まず、ノートを使う

1冊の問題集で、できなかった問題だけ繰り返し解くのが大切なのは、先にも述べたとおりです。

このとき、**問題集は詳しい解説と解答が書かれていることが条件**です。

昔、私立の小6の子で、学校の先生から出されたという問題を持ってきた子がいました。一見簡単そうに見えたので解こうとしたのですが、いくら考えても解く方向が違うらしく、複雑になっていくばかりです。

あとで答えを見たら、「なあんだ」ということだったのですが、それからこういうパズルのような問題は、解法がなければ教えないことにしました。

算数の難問は、解法がないところでいくら考えても、時間のムダになることが多いのです。

1冊の問題集を繰り返し解くためには、問題集に答えを書き込むのではなく、ノートに問題の番号と計算と答えを書き込みます。答えを書いたノートに〇×をつけ、×の問題には正しい答えと解法のポイントを書いておきます。
問題集の方には、できなかったところにだけ×印や△印をつけておき、その×や△のところだけを日をおいて繰り返します。

計算問題は、**途中の計算を暗算で済ませようとするのではなく、実際に紙の上で計算してみる**ことも必要です。頭の中での暗算は、計算の得意な子でないと勘違いすることも多いからです。

これは図形の問題を解くときも同様です。頭の中だけで考えるのではなく、自分の考えたことをまだ何をどう解くかわからないうちから、手で書いてみるということです。

たとえば、線分図のようなものを書くだけでも、問題はかなり理解しやすくなります。図を書いたり表をつくったり、線分図を書いたりという方法は、どういう形でもいいので、何しろまず手を動かしてみるということが大切です。

理科・社会の勉強法

教科書5回読みで理科の成績が上がった子

理科の勉強は、一部は国語的な、読んで理解する知識の勉強、もう一部は算数的な計算と図形の勉強のふたつに分かれます。

図形の勉強というのは、主に天文や力学の分野の勉強です。

差がつきやすいのは、知識的な勉強よりも算数的な勉強の方ですが、両方をバランスよくやっていく必要があります。

知識的な勉強に関しては、教科書を繰り返し読むことに尽きます。

昔、小6の生徒の保護者から、「理科が苦手なのですが」という質問を受けたので、教科書を何度も読むことですと答えたら、すぐ次のテストから理科の成績が急によくなったと言われたことがあります。

この勉強法はあまりにも単純で、張り合いがないように見えるかもしれませんが、教科書を繰り返し読むというのは、理科に限らずすべての教科の勉強に共通する大きな原則です。

繰り返し読むというのは、5回以上読むということで、**読みながら自分で大事だと思うところに線を引いていきます**。

理科の問題集のようなものがありますが、問題集を解く勉強は時間がかかるわりに、理解が定着しません。それは、問題を解く作業をすること自体に時間がかかるからです。

そして、問題を解く勉強は、結局できた問題はやらなくてもできた問題で、その問題を解いた時間は単なるムダな時間です。

できなかった問題は、できるまで繰り返して勉強することが大事なのですが、問題を解くという作業自体に勉強した感覚があるので、できなかった問題を繰り返し解き直して理解しようという子はあまりいません。

このように**問題集を解く勉強は、勉強の内容としては、あとにあまり残らないことが多い**のです。

とは言っても、問題がどういう形で出されるのかということを知っておくために、問題集を参考にすることは大切です。しかし、この場合も、問題は解くのではなく、答えと一緒に読むようにするのです。

自然に親しむ生活をする

知識的な理科の勉強で応用力がつくのは、自分の実際の経験によってですから、子供の頃から自然に親しむ生活をしていくことが大事です。

遊びのような感覚で自然の世界を知るということは、勉強に生かせるだけでなく、社会人になって仕事をするようになってからも役立つことがあります。

また、自然と接することは、深いところで人間の幸福感に結びついています。たとえば、苦しいときでも、空を見ると気持ちが明るく切り替えられるということがあります。道端の花に心が洗われるということもあります。小さな生き物に優しい気持ちになることもあります。

理科の勉強は、自然と親しむことのできる勉強と考えておくといいと思います。

社会も教科書だけで十分。年表・年号は暗記

社会の勉強は、教科書が中心になります。

ほかの教科は、参考書や問題集のような補助的な教材が必要になることが多いのですが、社会に関しては教科書だけでほとんど間に合います。

教科書に書かれていることを何度も繰り返して読んでいるうちに、どういうことが問題として出されても普通に答えられるようになります。ただし、年表と年号は、あ

る程度暗記しておく必要があります。

私の中学生時代の思い出ですが、学校の昼食の時間は、弁当の包んであった新聞紙を読んだり、新聞を読み終えたときは世界史の教科書を読んだり、そしてその合間に友達とおしゃべりをしたりしながら、楽しく弁当を食べていました。

そうすると、**とくに勉強をしていないのに、定期テストの世界史のテストでクラスで、ひとりだけ満点をとった**のです。

周りの友達からは、弁当を食べながら教科書を読んでいたのはずるいと言われましたが、ほかにすることがないから、教科書を読書がわりに読んでいただけでした。

そのかわり、地理や公民（そのときは別の名称でしたが）の教科書は興味がなく、授業のときしか読まなかったので、大した成績ではありませんでした。

中学受験するなら「ダメ元で公立中高一貫校」

受験は目標としては良いもの

現在の私立中学受験は、解き方のパターンを数多く身につけないと得点できないようになっています。そのため、4年生という早い段階から塾に通うことになります。

そこで身につく学力は解き方の知識であり、読書や経験によって身につく学力を養うことはできません。**勉強に長時間拘束されることで、勉強に肯定的な感情を持てない子が増える**という問題も起きています。

実際に、言葉の森に通う生徒にも、もとは私立中学受験専門の塾に通っており、勉強漬けの毎日が大変すぎてやめ、こちらに移ってきた子が多くいます。

ただ中学受験は、目標としては良いものではあります。

小学校高学年の頃は、何か目的がないと、生活に余裕がありすぎ、ムダな時間を過ごすことが多くなりがちです。

今は都市部の小学生の多くは塾に行っているので、友達と遊ぶといっても、放課後一緒に遊ぶ仲間がいません。

遊ぶ友達がいないので、家でゲームをするとかインターネットを見るとかいう、非生産的な娯楽で時間をつぶすようになることも多くなります。

そういう時間は、決してムダとは言えませんが、親の目から見るとやはり成長期の子供が目標のない生活を送っているのは、もったいないと思わざるを得ないでしょう。

受験という、あるひとつの目標をもとに勉強することは、とても意義があります。

私立中受験は早くから大量の勉強がいる

そこでおすすめなのは、公立中高一貫校です。

公立中高一貫校の受験は、教科書レベルの知識しか必要としないという建前であり、私立中学受験のように、数多くの解法パターンを覚えるという勉強はせずに済みます。公立中高一貫校の受験に取り組むことで、小学校6年間の基礎を固め直すことができます。

また、**公立中高一貫校を受験するメリットは、試験の傾向が今後の高校入試や大学入試の大きな方向と一致している**、ということもあります。

これまでの入試は、覚えた知識を詰め込むような勉強が中心で、それで偏差値の輪切りになるような点数をつけていました。

しかし、そういう点数のつけ方をしていると、たしかに成績はよいが、考える力が欠けているというような生徒が多数入学してくるようになったのです。

そこで今、大学入試改革を中心として、入試のあり方を変えようという動きが出てきました。その背後にあるのは、次のような考え方です。

ひとつは、平均的な学力ではなく、本人の興味や意欲をもとにした個性的な学力を評価するという方向です。

もうひとつは、覚えた知識を再現するような学力ではなく、自分で考えてそれを文章として表現する力を評価するという方向です。

そして、そのために、選択式の○×をつける問題ではなく、大量の資料を読みこなすような問題が出されるようになりました。

大学入試や高校入試がそういう方向に舵を切る中で、中学入試もその影響を受けて今後は考える力、書く力、読む力を評価する方向に進みます。

だから今、公立中高一貫校の受験のための勉強をすることは、将来の高校入試や大学入試の新しい方向に対応する力をつけることにもつながるのです。

狭き門の公立中高一貫校は不合格でもいい

公立中高一貫校の受験の場合、5年生からの勉強で十分間に合います。

ちょうど向上心も湧いてくる時期です。4年生ではまだ、その段階に来ている子は少ないものです。

ひとつ注意点があります。それは、公立中高一貫校は私立中学以上に倍率が高いということです。合格できる子はごく一部、不合格が普通なのです。

ですから、合格することは、おまけのように考えておくのが大事です。

また、せっかく公立を受験するのだから、滑り止めに私立も受験しておくというような形にすると、何のための公立受験だかわからなくなります。

公立中高一貫校が不合格だったら、近所の公立中学に行けば十分です。

不合格であっても、受験をしたことは、勉強

郵 便 は が き

（切手をお貼り下さい）

170-0013

（受取人）

東京都豊島区東池袋 3-9-7

東池袋織本ビル 4F

㈱すばる舎 行

この度は、本書をお買い上げいただきまして誠にありがとうございました。お手数ですが、今後の出版の参考のために各項目にご記入のうえ、弊社までご返送ください。

お名前《ふりがな》	男・女	才
ご住所　〒		
ご職業	E-mail	
今後、新刊に関する情報、新企画へのアンケート、セミナー等のご案内を郵送またはＥメールでお送りさせていただいてもよろしいでしょうか？ □はい　□いいえ		

ご返送いただいた方の中から抽選で毎月３名様に

3,000円分の図書カードをプレゼントさせていただきます。

当選の発表はプレゼントの発送をもって代えさせていただきます。

※ご記入いただいた個人情報はプレゼントの発送以外に利用することはありません。

※本書へのご意見・ご感想に関しては、匿名にて広告等の文面に掲載させていただくことがございます。

◎タイトル：

◎書店名（ネット書店名）：

◎本書へのご意見・ご感想をお聞かせください。

ご協力ありがとうございました。

の密度を高める生活をするという意味で、とてもいい経験になります。

そして**今は、公立の中学、高校も独自の改革を進めているところが多く、そちらに進むこともかなり明るい見通しが持てるようになっています。**

塾に行かずに公立中高一貫校をめざす勉強法

市販の教材の「できそうな問題」だけ繰り返す

公立中高一貫校受験対応の塾は、記述問題中心の問題集で考える勉強をさせています。家庭で同じような問題集を使えば、塾に行かなくても勉強することができます。

家庭で市販の教材などをもとに勉強する場合、解き方の解説はその教材にある程度詳しく載っていますから、それを読めばだいたいのことはわかります。

わからないときは、お父さんお母さんが一緒に解法を読み、考えてあげます。

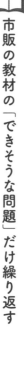

そして、**お父さんお母さんが一緒に考えても難しいと思う問題は、できなくてもよい問題と割り切っておく**といいのです。

「これは、お母さんが考えても難しい問題で、試験に出てもできる人はいないだろうから、できなくたっていいんだよ」と言っておけば、かえって子供から尊敬されます。

このようにして家庭で、簡単にできる問題を省略し、難しすぎる問題も省略し、できそうな問題だけを繰り返し解く勉強をしていけば、能率のよい学習ができます。

ただし、競争相手のいる勉強では、全体における自分の位置を把握していることも必要ですから、**定期的に模擬試験を受けることと、志望校の過去問を時々解き直し、勉強の原点に戻ることも大事**です。

勉強の中心は、文章量の多い問題を読む力をつけることと、素早く必要な字数を書く力をつけることを基本とします。

問題集の能率のよい使い方は、問題集の問題を解くよりも、問題集にあらかじめ答えも書き込んでおき、問題と答えを繰り返し読んで身につけることです。

先に答えを書き込み、どういう問題が出され、どういう答えが要求されているのかを知るために勉強を進めていくのです。

理科や社会の勉強は、教科書に沿って行うことが基本ですが、社会科の試験では、その地域に特有の問題が出されることがあります。社会は、教科書だけではなく、その学校や地域で使われている副読本のようなものも、教科書の一部として繰り返し読んでおくことが大切です。

算数は小6の夏休みまでに先取りを終える

受験に勝つコツは、**小6の最後の一年間を受験に特化した勉強にする**ことです。

とくに、差のつく算数で一年間受験中心の勉強をすれば、合格率は高まります。

ポイントは先取り学習です。5年生から先取りしていき、小6の夏休み前までに、小6の算数の勉強範囲を終わらせます。算数の先取り学習は授業を聞かないと、ひとりでは進めにくい面があるので、**スタディサプリなどのビデオ授業を利用するのがいい**でしょう。

スタディサプリは月額1000円弱の低価格で自由に勉強でき、保護者も勉強の進捗度がわかるので、家庭学習の方法としてかなり役立つと思います。

そして**夏休みからは、過去問や受験用の問題集を中心に勉強**していきます。それでだいたいのパターンをカバーすることができます。

大事なのは、できなかった問題を繰り返し解くことで、1冊の問題集を4回から5回繰り返せば、超難問を除き、解けない問題が一問もなくなるまで解けるようになります。


算数の場合は、複雑な計算が必要とされる問題が出される傾向があるので、計算力をつけておくことも大切です。

計算力をつけるには練習しかありませんから、計算が苦手な子は計算だけの問題集をタイマーで時間を測定しながら解く練習をしていきます。

計算練習は、短い時間でもいいので、毎日時間を測りながらすると、だんだんと自分の計算速度が上がってくるのがわかり、やりがいを持てるようになります。

作文は制限時間内に書き切る練習を

国語は、普通に国語的に解く問題と、作文として書く問題の両方が出されることが一般的になっています。

長い字数の作文問題は、構成を考えて書く練習をしていきます。

設問のキーワードを必ず入れることと、時間内に指定の字数いっぱいまで書くことを目標に、書く練習をしていきます。

作文の誤字については、漢字の書き取りを単独に勉強するのではなく、作文を実際に書く中で、自分のよく書く言葉に関してだけは正しく書けるようにしておくということが大事です。

問題集読書とは、問題集の問題文を読書がわりに読む練習のことです。

普通の読書で子供が好んで読む本は、易しい語彙が中心で読みやすく書かれていることが多く、入試の問題文を読む力には結びつきません。

ただし、問題集読書は、一人でやっていると張り合いがなく、途中で飽きてしまうこともあるので、家庭で友達と一緒に勉強する機会をつくっておくといいと思います。

「考える力」を育てるには読書と作文

難しい文章を読み、難しい文章を書く

考える力はどのようにして育てるかというと、そのひとつは先にも述べたように、難しい文章を読むことです。読書が重要です。

そしてもうひとつは、難しい文章を書くことです。

難しい文章を書くというのは、難しく書くことを目的とした書き方ではなく、難しいことを考えたために必然的に書く内容が難しくなるという意味です。

これは、自分の力だけで考えるよりも、書く前の考える段階で、他の人との意見の交流の中で考える力を伸ばす方が、学習の効率は上がります。

その方法のひとつとして、テーマを決めて親子で話をするということがあります。

世の中には、意見が分かれる問題がよくあります。エスカレーターの端を空けておいて、急ぐ人が歩けるようにするのはよいか悪いかなどは、どちらの意見もそれなりに説得力のある理由を持っています。

異なる意見の二人が話を始めると、一致点を見つけるためには表面的なよい悪いの奥にある、人間や社会にとって何がもっとも大切なのかという価値観に踏み込んで考えるようになります。

ここで物事を根本的に考える機会ができ、そのための語彙を使う必要が出てくるとともに、相手の話を聞くことによって新しい語彙が身についていきます。

両親とよく話をする子は、考える言葉の語彙が豊富で、小学校中学年の頃から、作文の感想の部分を長く書けるところがあります。反対に、両親との対話が少ないと、感想の部分はどうしてもあっさりしたものになりがちです。

小学校高学年では、作文のテーマが抽象的なものになるので、その抽象的なテーマについて親子で話す機会を持つことが、子供の思考力を育てる重要な方法になります。

親子で難しい話をする

親子で難しい話をするためには、作文の勉強をきっかけにする方法が有効です。たとえば、月曜日が作文を書く日になっているとしたら、前の週の火曜日から子供が課題をあらかじめ読んでおき、土曜日や日曜日の、両親が話をする時間のとれる日を選びます。

子供が課題の内容を説明し、自分なりに考えた実例を説明するとともに、両親もその課題に対して両親自身の経験や感想を話すようにします。

このように、作文の勉強をきっかけとして、親子の対話を深める時間を家庭生活の中に定期的に持つことができれば、親子で話をする文化というものが育ってきます。

受験作文コースを受講し、志望校の公立中高一貫校に合格した子の話ですが、オンラインクラスで作文の予習の発表をするとき、「この課題は難しくて、お父さんお母さんと何時間も話していて、書く前にくたびれました」と笑っていたことがあります。

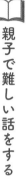

それだけに、作文の感想の部分はかなり充実していました。

考える力をつける対話には、友達との対話もあります。それは自分の好きなことを研究し、それを友達の前で発表するというやり方で勉強することです。

自分の研究を人前で発表し、ほかの人から関心を持たれたり、質問を受けたりすると、さらにその研究を深めたくなってきます。そして、自分なりの研究や調査や実験をすれば、必ずそこに実行に伴う疑問点が生まれてきます。

その疑問点を考えることが、考える力を自然に育てる道なのです。

考える力は、考えることによって育ちます。そのためには、自分の興味のあることを自由に考えることが大切なのです。

また、何かを考えたいという意欲は、他の人との交流の中で生まれます。他の人のやったことを見て、自分もやってみたり、または人に発表するために自分の考えを整理したりということが、考える力のもとになります。

第3章

10歳からさせたいこと、教えたいこと

親のいない放課後の時間、どう過ごさせる？

習い事や塾で埋めれば安心だが…

子供が小学校から帰ってくる時間に、親がまだ仕事から帰っていないという家庭が多いと思います。

習い事に行くとか塾に行くとか、行く場所が決まる選択をすればある程度枠にはまった生活ができるので、学校に通わせているのと同じような安心感があります。

しかし、子供の立場になってみれば、学校で管理された生活を送っている子が、放課後習い事や塾に行って、やはり同じように管理下に置かれた場所で生活をするというのは、息苦しく感じるものです。

子供は、大人と同じように、**できれば自分の家で自由に気ままな生活を送りたい**と思っています。

そこで言葉の森がこれまで考えてきたのは、オンラインの少人数のクラスで他の子と一緒に勉強する仕組みづくりです。

実際には会わないけれど、オンライン上の画面でつながり、参加する塾のようなものです。私の中では寺子屋というイメージです。

自主学習は、自分で決めた勉強をウェブ会議システムに入って行います。クラスの他の子たちは、いずれも異なる地域に住んでおり、もともとの面識はありません。けれども、オンライン上で会話をすることで、親しい友達となっていきます。

一緒に勉強している友達の顔がいつでも見えるので、自分ひとりで孤独に勉強しているという感じはなくなります。子供は周囲の環境に影響される面が強いので、他の子が熱心にやっている姿を見れば、自然に自分も熱心に取り組むようになります。

授業時間の最後に読書紹介をするため、自然に毎日本を読むようになり、ほかの友達が紹介した本を参考に、読書のジャンルを広げる子も出てきます。

オンラインの会場は、いつまでいてもよく、勉強が終わった子はオンラインの友達とおしゃべりを楽しむこともできます。

勉強を通して知り合った友達なので、話す内容も自然に前向きなものになります。

宣伝のようになって恐縮ですが、私はこのオンラインでつながった友達と一緒に学ぶことが、これからの学習の中心になっていくのではないかと思っています。

「オンラインの少人数クラス」の試み

子供たちはゲームをして遊ぶようなこともちろん好きですが、自分が価値あることをしているという感覚も、それ以上に好きです。

とくに、高学年の生徒の場合は向上心が出てくるので、ただ楽で楽しい時間よりも、自分なりに努力する要素がある時間の方を選ぶことが多くなります。

すると、**家で友達と一緒に勉強をして、その後自由に遊ぶというようなことができれば、子供の放課後の生活としては理想的な状態に近くなる**のではないかと思います。

オンラインの少人数で行う学習クラスは、言葉の森でもまだ始めたばかりですから、参加している生徒は言葉の森の生徒の一部です。オンラインで行うというところが、敷居が高いと感じる人が多いのだと思います。

しかし、オンラインのウェブ会議システムが誰でも利用できるようになったのは最近ですから、**これからボランティアでこういうオンラインの家庭学童保育を行うようなところがもっと生まれてくると思います。**

この場合の先生役は、定年退職して時間があり、教育に関心のある高齢者の方が行うようにすれば、子供にとっては勉強以上に得るものがあると思います。

小学生の全国学力テストで常に上位を占めている秋田県、石川県、福井県などに共通していることのひとつは、子供が家に帰るとおじいちゃんおばあちゃんがいるので、ひととおり学校の宿題などの勉強を済ませてから遊びに行く、という生活スタイルができていることです。

オンラインのウェブ会議システムを利用すれば、都会にいる孫の放課後の勉強を、田舎にいるおじいちゃんおばあちゃんが見てあげる、ということもできると思います。

ゲームは禁止しなくていい

禁止でも放任でもなく、時間を決める

ゲームの好き嫌いについては、男女差がかなりあります。一般に女の子は、ゲームにあまり熱中しません。男の子は、すぐにゲームに熱中するようです。

昔ゲームが出始めた頃、近所でも、ゲームに熱中して困るという保護者の声が聞こえてきました。

私は、そんなに子供たちが熱中するようであれば、自分でやってみる必要があると思い、うちの子供が小学校低学年の頃だったと思いますが、中古ゲームソフトショップで「ゼルダの伝説」と「ファイナルファンタジー4」というソフトを購入しました。「ゼルダの伝説」も「ファイナルファンタジー4」も、その後の3Dゲームとは違う二次元のゲームでしたが、きわめてよくつくられていて、**子供たち以上に親が熱中するぐらいのおもしろさ**がありました。

子供たちはその後もいろいろなゲームに熱中していましたが、わが家ではゲームをする時間は1日15分と決めていました。日によってオーバーするときはありましたが、ゲーム漬けになって困るということはそれほどありませんでした。

15分の制限時間とはいっても、私自身がゲームのおもしろさを知っていますから、途中でおもしろいゲームをやめられない気持ちはよくわかります。

子供がどうしても続きをやりたがっているときは、本を50ページ読んだらゲームを15分追加していいことにしようなどと話し合って、子供がストレスを感じないように、しかしゲーム漬けにならないように工夫していました。

当時はゲームが出始めた頃で、家庭でゲームのルールをつくっているようなところはほとんどなく、禁止か放任かのどちらかでした。

わが家では早めにルールをつくったので、たまに長時間やることもありましたが、だいたいにおいて子供に任せておけば、何も問題がないような状態だったと思います。

免疫をつけさせておく

ゲームにかぎらず、漫画やテレビ、インターネットなど、現代は誘惑の多い時代です。それらとどう付き合うか、親は頭を悩ませるところです。

子供が小さい頃は、面倒なことは禁止するという方向で解決してしまいがちですが、禁止というやり方がいちばん手っ取り早いように見えても、子供のその後の自己管理力の成長ということを考えた場合、禁止はあまりよいやり方とは言えません。

子供は必ず親から離れ、自分の意思で自分の生活をするようになります。

そのときに、**日常生活で親が管理してくれる生活をしていた子は、自分のコントロールをすることが難しくなります**。

これらの誘惑物に対する基本的な考え方は、誘惑するもの自体が問題なのではなく、普段の生活の中で、その誘惑物以外のしっかりしているものがあるかどうかということとなのです。

マンガも読むけれど、読書もする。**ゲームもするけれど、勉強もする。**「よく学びよく遊べ」で、遊びと勉強を両立させる工夫をしていることが大事です。


自己管理の方法として、先にあげたように「時間を制限する」というのは有効です。子供たちがゲームをする時間を、何時から何時までの間というふうに決めておけば、子供は意外とその時間設定に従うもので、ゲームをしていい時間でなければ、したいという気持ちを持たなくなる面があります。

「朝6時までは好きなだけOK」

私の家では、朝食の前に音読や暗唱など簡単な勉強をすることを決めていました。

あるとき、うちの下の子に、

「朝早く起きたら勉強の始まる6時までゲームをしていい」

と言うと、次の日から子供は5時頃起きてゲームを始めていました。

早寝早起きの習慣をつけるには、とてもよい方法だと思いました。

こういうとき、すぐに早起きできる子は、物事に熱中できるタイプの子だと思います。

その早起きのゲーム生活がいつまで続いたか、そして、どうなったか忘れましたが、忘れるくらい、とくに何も問題のない生活のひとコマだったのだと思います。

「場所を制限する」のも効果的な方法です。

自分が手を伸ばせばすぐに届くところに、ゲーム機やテレビやマンガがあれば、つい関心が向くのが自然の流れです。

ゲームが終わったら、そのゲーム機は押し入れの中にしまっておくなどと決めれば、目の前

から見えなくなることで、コントロールはかなり容易になります。

やろうと思えばすぐできるとしても、わざわざ押し入れを開けてゲーム機を取り出してから始めるというのは億劫なので、自然に自己管理をしやすくなるのです。

息抜きがあるから勉強もがんばれる

ひとつ、人間の心理として考えておかなければならないのは、子供でも大人でもちょっとした息抜きのときに、娯楽を利用することはあるということです。

たとえば、勉強していて一段落し、**くたびれた頭を休めるために軽くゲームをする**というようなことは、誰にでもあります。

20年以上前の話ですが、言葉の森では、小学4年生以上の子は、ほぼ全員がパソコンで作文を書いていました（今はほとんどの生徒は手書きにしています）。

パソコンにはいろいろなゲームが入っているので、子供たちは、教室に来るとまずパソコンの前に座り、ほとんどの子がおもむろに自分の好きなゲームを始めます。

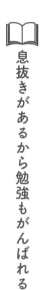

そして、ゲームがひととおり終わると、といっても時間としては数分のことなのですが、その後作文を書き始めるのです。

私たちでも、何か仕事を始めるとき、机の前に座ったら、ちょっとひと息という時間があり、それから仕事を始めるという気持ちになります。子供たちも、外から教室に入ってきて、すぐに勉強を始めるような心理状態にはなりません。ちょっとひと息ゲームでもしてから始めるか、という感覚で始めるのです。

私は自分がそういう気持ちで仕事をすることがあったので、子供たちがゲームをしてから勉強を始めることについては、何も言いませんでした。むしろ、微笑ましく見ていたぐらいです。

それで、何も問題なく全員がしっかり勉強していたのです。

しかし、そういうゲームの遊びの感覚を知らないお母さんたちは、子供が家でゲームをしていると、険しい顔をしてすぐに何か言いたくなるところがあります。

人間には、ひと休みという感覚の時間も必要です。

近くにいる親が四角四面に、そういう**息抜きまでも禁止すると、子供は外見だけの**

勉強をするようになります。

子供がゲームをしたりインターネットで遊んだりしているのを、親が近くにいて何も言わないでいるのを知れば、子供はこのまま勉強の合間にそういうことをしてもいいのだというふうに思います。

それはどういうことかというと、自分が勉強の中身をしっかりしてさえいれば、親はそれを信頼しているので、途中の遊びや休憩は自由にとってもいいのだという考え方になるということです。

つまり、子供が親の信頼を感じるので、自然に勉強の中身に気持ちを向けるという結果につながるのです。

お小遣いで「お金の使い方」を覚える

商売の才覚を身につけさせたい

お金についての教育は、お金を大切にするという使い方の面から考えられることが多いと思いますが、本当はお金をいかに増やすかという、お金を使う側ではなくお金を生み出す側の立場から考えていく必要もあります。

将来は多くの人が、副業という形であれ趣味という形であれ、自分なりの仕事を行うようになると思います。

世の中の役に立つものは、それを広げる役割を期待されています。つまり、より多くの人に喜ばれるようにするために、その仕事の収益を上げることが必要になります。

収益を上げるためには、他の人に喜ばれるということを基準にして、自分の仕事を組み立てていくことが大事です。**人に喜ばれることをすることでお金が増えるという考え方を、子供の頃から育てていく**必要があると思います。

明治生まれの実業家であり思想家であり、百歳まで現役で活躍した河野十全氏は、子供の頃、群馬県の自宅近くの山の岩肌にねじくれた松がよくあり、それが盆栽の素材として使えるということに気がつき、山に行き盆栽になりそうな木を取ってきては、それで学費を稼いだという話がありました。

このようなことは誰でもできるわけではありませんが、今後、子供に商売の才覚を身につけさせることは、これからの教育のひとつ重要な柱になると思います。

一度に使ってしまって後悔するのも経験

とはいえ、まず子供に教えられるのは、もう一方のお金の使い方の面でしょう。

お金を大切に使うためには、お小遣いの金額を決めて子供に渡し、その範囲で自分の欲しいものを買う習慣をつくる必要があります。

親がお金を管理し、子供が何か欲しいと言った都度、それを必要に応じて買い与える形にすると、子供がムダなものを買わないという利点があるように見えますが、それは子供の成長にとってはあまりよくないと思います。

それは、ひとつには、子供がお金を自分で管理するという責任感を持つ立場を、経験できなくなるためです。

もうひとつには、子供にとって欲しいものでも、親にとってはくだらないと思われるものがある場合、子供はそれを欲しいと親に言っても断られることがわかっているので、それを購入する以外の方法で手に入れようとすることがあるのです。

もし、これが自分で管理できるお金があったとしたら、**もうしばらく貯金しようとか、ほかの欲しいものをあきらめよう**とかいう選択ができます。

子供にお金を管理させると、時にはムダ遣いしてしまうこともありますが、そのムダ遣いを後悔するという経験もまた、子供の成長にとっては重要なことなのです。

私の下の子が、あるとき頭が痛いと言って遊びから帰ってきたことがありました。

どうしたのかと聞くと、おもしろいおもちゃだかお菓子だかがあったので、友達と一緒にその場のノリでたくさん買ってしまい、持っていたお小遣いのほとんど（たぶん1000円ぐらいだったと思いますが）を使ってしまったのだそうです。

きっと帰り道で、「バカなことをしたなあ」と後悔しながら帰ってきたのでしょう。それで頭が痛かったのです。

思わず笑ってしまいましたが、こういう経験も必要というか、人間が生きているひとつの証になっているのだと思います。

本を買うときは例外的に親がお金を出す

欲しいものを自分のお金で買うということは、お金の管理の仕方の基本ですが、本については例外にしておくといいと思います。

子供が、欲しい本があると言った場合、それがマンガ以外の本であれば、子供のお小遣いではなく、親がお金を出して買ってあげることです。

本の購入に関しては、しぶしぶではなく喜んで買ってあげるという姿勢を、子供に見せることが大事です。

本を買うというお金の使い方は、単なる消費ではなく、子供が自分を成長させるための投資です。

同じように、新しいことを経験させることも、子供の成長にとってはひとつの投資と考えておくといいと思います。

さて、お金にはもうひとつ大事な面があります。それは、貸し借りをしないということです。

よく、お金を貸すと友達をなくすと言われます。

そういう話を、大人の世界の話として子供から遠ざけるのではなく、子供の頃から社会教育のひとつとして、**お金は安易に借りたり貸したりするものではないと話しておく**ことも大切です。

家族の中での「自分の仕事」を与える

合宿でよく動ける子と動けない子の差

子供にお手伝いをさせることは、家庭でなければなかなかできません。学校でも、掃除や給食の当番など仕事をする場面はありますが、責任を持って周囲の状況を考えながら、その場に合った行動するというのは、家のお手伝いを通してやっていくことがいちばん身につきます。

私の子供時代、父は自分で始めた板金業をやっていたので、休みの日など仕事の現場に連れて行ってもらい、手伝いをさせられることがありました。

父は子供が好きだったので、そういうふうに子供を連れ回したかったという面もありますが、子供に手伝ってもらっても、とくに役に立つことができるわけではないので、ある意味で子供の教育のために手伝いをさせたのだと思います。

実際、仕事をいろいろと手伝っているうちに学んだこともあります。

たとえば、釘を打つときに、楽しいことを考えながら釘を打っていると手を打つようなことはまずないのですが、ふと嫌なことを思い出したりすると、そのときに指を打つことが多いとわかりました。

そういう経験は実際に味わってみないとわからないことなので、勉強以外で身についたものはいろいろあると思います。

子供たちの合宿などがあるときにいつも感じるのは、普段の勉強の中では決して見えないような、その子の優れた能力があるということです。

たとえば、教室ではあまり熱心に勉強せずふざけてばかりいるような子が、合宿では疲れを知らないような働き方で生き生きと過ごし、必要があるとすぐに手を貸してくれるというようなことがあります。勉強という場面だけであったら気づかなかったような長所が、しばしば見られるのです。

また逆に、勉強面ではとてもよくできる子が、仕事になると意外に要領を得ないということもあります。

この差は、やはり**家庭での手伝いの度合いに比例**しているように思います。

一般に兄弟姉妹がいた場合、上の子はいろいろなことによく気がつき、手伝う力を持っています。

お母さんが下の子の世話をしている間に、自分で工夫して何かをしたり、弟や妹の面倒を見たりしなければならないので、自然に仕事をする力が育つのだと思います。

また、男の子は物を散らかしっぱなしにしたり、すぐに人に手伝ってもらったりすることが

多いのですが、女の子は、自分のことは自分できちんと済ませるという傾向がはっきりしています。

これはお母さんが、男の子には甘く、女の子には自然に厳しく育てているからだと思います。

したがって、ひとりっ子の場合、そしてとくに男の子の場合は、親が子供にできるだけ家庭の中の仕事を手伝わせる必要があります。

そうでないと、外に出たときに、何もできないということがよくあるからです。

ご褒美のお小遣いは不要

ところで、家庭で行う仕事というのは今はかなり限られています。

電化製品が発達しているので、掃除も洗濯も食器洗いも、ボタンを押せばおしまいというようなものも数多くあります。

だから、家事や育児の手伝いという毎日の生活の中での仕事よりも、特別なイベントとして、今日はカレーライスをつくるのを一緒に手伝ってもらうとか、近所の買い物に行くのを手伝ってもらうとか、そういうある仕事の一部を分担するような形で手伝わせる機会をつくることが大事だと思います。

仕事を手伝ってもらったお礼として、事後的に感謝の何かをあげるということは子供に満足感を与え、親の感謝の気持ちを伝える点でよいことです。けれども、仕事と引き換えにお小遣いなどをあげることを事前に約束するのは、あまりよいことではないと思います。

家庭の仕事は、報酬なしに無条件でやるものと決めておいた方が、子供の仕事観が正しく成長します。

社会に出てからは、勉強ができることよりも、仕事ができることがほとんどすべてです。その人が学生時代に成績がよかったかどうかということは、誰も気にしません。だから、親は**勉強ができることよりも、明るく仕事ができることの方が大事**という価値観を持って子育てをし、子供にもそういう感覚を持たせるようにしておくことが大切だと思います。

キャンプや合宿で「他の子との共同生活」の経験を

夏の間中、那須の合宿所を開く理由

少子化が進む家庭では、子供は親と話をするだけで生活時間のほとんどを過ごすことができるので、同年齢の他の子供と深く関わる機会がないまま、大きくなることもあります。

そのため、子供たちの中には、**大人と話をすることは好きだが、子供同士の話は苦手だという子も増えてきている**ようです。

人間は、社会的関係の中で生きています。そこでは人間関係の力が欠かせません。

それは単に仲よくすることだけでなく、必要なときには明るく争うこともできる力を持つことです。

両親と一緒に生活しているだけでは、他人から無理なことを言われて争うというような経験はまずありません。子供同士の関係の中だからこそ、意地悪な子もいれば相性の悪い子もいるという経験ができます。

その中で、時には言い争いをしたり、時には許してあげたり、慰めたり励ましたりという積み重ねができてきます。

この一見ムダに見えるようなトラブルも含めた人間関係が、子供の成長にとって大事なのです。

言葉の森では数年前、那須にある古いペンションを購入し、そこを合宿所として夏に合宿を行っています。

合宿の目的は、普段オンラインの少人数の授業や、先生からの電話指導の授業だけで、他の生徒と会ったことのない子供たちに交流の機会をつくることです。

もちろん、言葉の森の生徒以外の子も参加できるので、交流の意義はもっと広く、同年齢の子供たちと自然の中で交流することと言ってもいいと思います。

ただし遊ぶだけではなく、勉強もしっかりするのが合宿の目的です。

夏休み中はお盆以外ほとんど合宿所を開けており、好きな日にちに好きなだけ参加できます。1泊だけの子もいますが、多くは数日滞在し、常時20人ほどが一緒に過ごすことになります。なかには1週間滞在する子もいます。

子供同士で寝泊まりし、いざこざも成長の糧

子供用の二段ベッドのある部屋で4人ずつ、初めて会う子同士が寝泊まりします。けれども、子供たちはあっという間に打ち解け、あだ名で呼び合うようになります。保護者も一緒に泊まることができますが、小学生の子はほとんどがひとり、あるいは兄弟姉妹や友達との参加です。**お母さんお父さんと離れていても、子供たちで一日中大騒ぎしており、寂しさを感じることもないようです。**

合宿所は那須の山の中にあり、近くの川に行ったり、虫をとったりと、自然の中で自由に遊べます。それも合宿の大きな目的です。

どの子もみな、合宿中は楽しく過ごしています。参加する子供たちの中には、「家

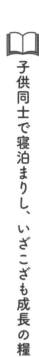

に帰ると○○しなきゃいけないから、ずっとここにいたい」という子もいます。

合宿の問題点は、遊びすぎてしまうことです。遊びだけに熱中し、勉強の時間は寝てしまう子も時々います。


この夏合宿でも、子供同士のいざこざが必ずあります。

一日目、二日目はみんな仲がいいのですが、三日目、四日目と続くと、ちょっとしたことで、女の子の場合は誰かが何かを貸してくれなかったとか、男の子の場合は誰かが意地悪をしたとかいう話が出てきます。

しかし、これがもっと長く**何日間も過ごすと、自然にみんな折り合いがつき、誤解**

夏合宿の様子。朝食後、食堂でそれぞれ本を読んでいる。

が解けるとか気の合う子同士でまとまるとかいう形で落ち着くのです。ただし、合宿の場合は、仲の悪くなった状態のときが最終日になり解散ということもあるので、それが残念なところです。

ただ、そのようないざこざがある中でも、みんなの調和をとれる子がいて、弱い子には励まし、強い子には注意をし、自分はお笑い役のようなことをして、周囲を明るくさせられる子が時々います。

こういう互いの長所も弱点も含めた素の行動を見られるのも、子供たちにとってはいい経験になると思っています。

トラブルはよいことではありませんが、ぶつかり合いをせずに大人になる子はいませんから、長い目で見たらやはり、その子の成長にプラスになるでしょう。

最終日、迎えに来たお母さんが自分の子を見て、「なんだかちょっとたくましくなった」と言うことも多いものです。

小学生のうちに、集団生活を体験させるのは、とてもよいことだと思います。

いよいよ「自然遊び」を豊かに楽しめる年齢

磯で貝をとる楽しさは釣り堀では味わえない

私が子供の頃住んでいたのは、横浜の南のはずれの金沢文庫の近くでしたが、周辺の海や山や田んぼは、自然がまだ豊かに残っていました。

その自然の中の遊びで、今でも懐かしく思い出すのは、近くの山で栗をとったりアケビをとったりしながら、山道を近所の子供たちと一緒に歩くことでした。近くの海では、アサリをとったりカラスガイをとったりしながら、そしてお腹が空くとそれらを焼いて食べながら、泳いで遊ぶことでした。

この自然の中での遊びの楽しさという感覚は、今の子供たちも同じです。

自然の中で遊ぶと、ザリガニを捕まえたりカエルを捕まえたりすることに、子供たちはすぐに熱中します。

何年か前に海でキャンプをしたときは、近くの磯にいる小さな巻貝やムラサキウニをとることに、どの子も真剣になっていました。

自分のとったものが食べられるかもしれないということに、子供たちはワクワクするのです。

ところが、これが釣り堀で魚を釣るとか、ビニールプールで魚のつかみどりをするとかいうことだと、感動がやや薄れると思います。自然の中で、直接自分の手で捕まえるというところに感動があるからです。

整備されたプールにはない川遊びの魅力

2018年のサマーキャンプ（夏合宿）では、山で虫を捕まえたり川で小魚やザリガニを捕まえたりすることに、どの子も熱中していました。

普段そういう生き物に関心があまりないような子でも、みんなの熱気に影響されるのか、自然にそういう世界に溶け込んでいました。

子供たちの中には、親と一緒だと虫が嫌いだとか汚れるのが嫌だとかいう子もいると思いますが、友達と一緒に遊ぶ楽しさの方が大きいので、そういうことは忘れてしまうようです。

この年は、生き物を捕まえる遊びが中心のサマーキャンプでした。

2019年のサマーキャンプでは、浅い川でウォータースライダーのように川遊びをする工夫をしました。

すると、今度はほとんどの子が、川遊びに熱中していました。

夏合宿の川遊びの様子。浅瀬で水に流され、楽しんでいる子が多かった。

近くには、ちゃんとした長いスライダーのある公園プールもありましたが、子供たちはそういう整備された施設で遊ぶよりも、川のでこぼこしたところでひっくり返ったりぶつかったりしながら、自分の力で遊ぶことが楽しいようでした。

しかし、中にはそういう川遊びはせずに、水中メガネとシュノーケルでずっと川の中を見ている子や、いろいろな石を一生懸命に集めている子もいました。

それぞれが自分の好きなことで遊べるというのが、自然の中での遊びのよいところだと思います。

予想どおりにいかないから柔軟性を鍛えられる

子供が自然の中で遊ぶ意義は、自然には予想を超えたものがあるということを知り、それに創造的に対応しなければならないという経験をすることです。

人工の娯楽には予想されるものしかありません。また、その楽しみ方も型にはまった楽しさであることが多いものです。

自然の中では、うまくやらなければ大きな失敗があり、うまくやれば大きな成功があるということがよくあります。それがすべて、やってみなければわからないという形でやってくるので、そのたびに創造的な行動が必要になります。

人工的な環境では、決められた手順どおりにやれば、決まった成果が返ってきます。そういう手順どおりには行かない自然の姿に接することが、子供の柔軟性と創造性を育てていきます。

サマーキャンプでも、**雨の日で退屈していた子供たちに、「どうせ雨なら外で水着で遊べば」と言うと、本当に水着になって外で水鉄砲で遊び出しました。**短い時間でしたが、けっこう楽しかったようです。

家庭でも、ぜひ積極的に川や海、山に連れていってください。低学年の頃は、自然の中での遊び方がわからなかった子供も、高学年になると自然の楽しさに気づくようになります。キャンプもよい経験になります。

ペットの存在が心のよりどころに

「一緒にいてくれたから、不登校もつらくなかった」

子供の成長にとって生き物のいる生活というのは、心を和やかにしてくれるとともに、その後の幸福な人生のひとつの支えとなる面があります。

犬や猫などの生き物はかわいいので、いつまで見ていても飽きません。

また、**子供がその生き物の世話を分担することで、お手伝いの練習になります。兄弟姉妹のいない子の場合は、ペットが自分の子分のようになることがあります。**

ペットを共通の話題として家族で話が弾むようになり、くたびれているときでもペットによって癒されることがあります。

これが、生き物が身近にいることのよい面です。

生き物の中にはザリガニとかメダカとか昆虫のように、人間とのコミュニケーションがあまり成り立たないものもいます。

しかし、それらの生き物でも、一緒にいると、その動作に驚いたり笑ったりすることがあります。

卵を産んで子育てをして成長していくという流れを見ることは、**理科の教科書以上に自然の不思議さと多様さを知る、優れた教材になります**。

犬は自分の近くにいる人間の心情と共感するところがあり、実験によると、飼い主とペットでは脈拍のリズムが同調していることが確かめられているようです。

犬のほかに、集団行動をする鳥も、人間と心が通う面があり、文鳥やインコ類は人間と一緒にいることを好み、一緒に遊ぶことがあります。

かつて、学校に行けずに家で引きこもっていた子が、小さい頃から飼っていたペットと一緒にいることで、その苦しい期間を乗り越えられたということを話してくれたお父さんがいました。

動物は人間と違って裏表がないので、子供にとってもっとも素直に心を打ち明けることのできる友達だったのだと思います。

しかし、生き物を飼うことは、楽しいことばかりがあるのではありません。いずれはその生き物がこの世から去る日を経験します。かわいがって飼っている者にとっては悲しいことですが、その悲しみの中に人間の優しさが育っていきます。

おすすめは犬と文鳥

生き物を飼うのは簡単ですが、上手に飼うためには早い時期にしつけることが大切です。それには、飼い方の本を最初にきちんと読んでおくことです。

私のペットのおすすめは、やはり犬と鳥です。

犬の種類で何がよいかは人の好みによって違いますが、**家の中で飼うなら毛が抜けにくい犬種の方が飼いやすい**と思います。ただし、毎月トリミングに行かなければなりません。

小鳥の中で、オカメインコは以前飼っていて、よく慣れていましたが、パソコンのキーボードを外してしまうことが多く、また皮膚から油脂が飛び散るので、部屋が汚れやすいということがありました。

文鳥は小さいので、放し飼いであちこちフンをしたとしても、あまり部屋を汚している気はしません。しかし、その都度ティッシュで拭かなければなりません。**文鳥は性格もよく、よく慣れるので飼いやすい種類**だと思います。

しかし、人のあとをついて飛んでくるので、うっかりドアにはさんだり、踏みつぶしてしまったりする可能性があります。飼い始めたばかりの頃は、慎重に様子を見ている必要があり

ます。

うちで飼っていたオカメインコと文鳥は、やはり人のあとをついてきて、うっかり窓を開けたために、そこから飛んで行ってしまうということがよくありました。

最初に飼ったオカメインコのバノという名前の鳥は、部屋の中でいつも飛ばしていたので、飛翔力が強く野生の鳥並みの飛ぶ力を持っていました。

一度、外に遊びに連れていったとき、突然カラスが急降下して襲ってきたので、そのまま逃げてカラスを振り切り、結局7キロメートル離れた八景島シーパラダイスというところまで飛んだようです。

数日後、そのシーパラダイスの従業員の方が、芝生の上にいたバノの足輪の番号を見て連絡をしてきてくれました。

共働き家庭には猫が人気

わが家で以前飼っていた犬はゴールデンレトリバーで、ゼルダという名前でしたが、これは性格が優しく飼いやすい種類でした。

また、犬種として水がとても好きな性格で、川や海に行くとすぐに飛び込んで一緒に水遊びを楽しむことがありました。

ただし、毛がよく抜けるので、子供たちの黒っぽい学生服が、ちょっと油断すると毛だらけになってしまいました。

犬や鳥などの生き物を飼っていると、家族で旅行に行くときも、ペットも泊まれる場所を探すなどいろいろ制約が出てきます。

しかし、**ペットも家族の一員のようなものですから、次第にそういう制約が当たり前のようになり、それほど不自由を感じなくなる**ものだと思います。

最近は、猫の人気も高いようです。

猫は家で留守番ができ、散歩も必要ありません。共働きで日中家に誰もおらず、散歩が必要な犬を飼うのはハードルが高いという家庭には、猫が向いているかもしれません。鳥と一緒に飼うことはできませんが……。

家庭内で守るルールを決めたら、あとは自由にさせる

わが家では「靴をそろえる」など少しだけ

親が子供に守らせたいことはたくさんあります。けれども、そうなると1日中叱っていることになります。

そうではなく、原則として守らせるルールは少しだけに絞り、その他のことは大目に見る。そういう**メリハリが大切**だと思います。

私の家でも、子供たちにいくつかのルールを決めました。

それは、最初から決めたというよりも、子供たちの生活スタイルを見て、これは決めておかないと後で困るだろうなあと思ったことを、その都度少しずつ決めていった

のです。

ひとつは、玄関の靴をそろえること。もうひとつは、朝起きたら挨拶をすること。そして、返事は「はい」と言うこと。流行語などでよくある、品の悪い言葉は使わないことでした。

これらについては厳しく注意していましたが、それ以外はほとんど叱ることがありませんでした。


言葉の森の合宿所の壁には、合宿中に子供たちに守らせたいことを書いた紙が貼ってあります。

「ドアはゆっくり開ける」「水道はきちんと止める」「階段は静かに降りる」といったような、生活上のごく基本的なルールばかりです。

そして、それ以外はほとんどのことに目をつぶっています。

子供たちが大騒ぎして夜中まで起きていても、たまのことだし、それも楽しい思い出になるだろうと放っておいています。どうせ眠くなったら寝てしまうからです。

してほしいことはその都度声をかけて促しますが、細かく叱ったりするようなことはしません。

蛍光灯を壊した生徒たちをあえて大目に見た教師

こうした接し方をしていると、子供との間に信頼関係のようなものができます。

私の次男が中学3年生のとき、友達と教室の中でほうきを使って野球の真似をしていたそうです。

みんなでふざけて遊んでいるうちに、打ったボールが天井の蛍光灯にあたり、蛍光灯を壊してしまいました。

ところが、それを知った担任の先生が、遊んでいた生徒たちを叱るのではなく、たぶんにこやかに、「おいおい、そんなところで遊ぶなよ」という言葉掛けだけで済ませてしまったのです。

そのことをうちの子供が嬉しそうに話していたので、私はこのとき、この担任の先生（たぶん普段はしっかり叱ることのできる先生だと思います）と生徒たちの間に信頼関係があるのだと思いました。

子供が、これは叱られるはずだと思っている場面では叱らないのです。絶対に叱られるはずだと覚悟しているときは、大きく許してあげるのです。

その一方で、決めたルールに関しては、守れないときに厳しく叱るというメリハリがあると、子供はその人に信頼感を持ってルールを守るようになります。

悪いことをしたら叱るという直線的な接し方だけをしていると、子供は自分が物として扱われているような感覚になってきます。

人間同士の接触では、悪いことを大目に見たり許したりすることがあります。すると、子供は自分が人間として扱われているという感覚を持つのです。

だから、ルールは最小限に絞り、そのほか多くのことは細かいことを言わないというメリハリが大切なのです。

「いざとなればガツンと叱る」のが父親の役割

「結局最後は許してくれる」のが母親

この項は、私自身の個人的な経験から考えた父親像ですから、当てはまらないという方も多いかもしれません。したがって、「父親の役割」というよりも、親の「父親的な役割」として読んでもらうといいと思います。

子供にとって、父親の役割とは母親とはかなり異なります。

日本では、お父さん、お母さん、子供が一緒に川の字になって寝るという文化がありますが、この川の字で、父と母の間に子供が入る形よりも、母が真ん中で父と子が両脇というスタイルが、もっとも子供が自然に育つという調査があるようです。

子供にとって、お父さんは一歩離れた場所にいて見守っている存在であって、密着して母と同じような愛情をかけてもらう存在ではないというのです。

子供は、どんな悪いことをしても、母親なら自分を見捨てないで認めてくれるという確信が心のどこかにあります。

しかし、父は逆です。悪いことをしたら許さないのが父親で、それをあえて許すのが母親という関係にあるように思います。

子育てにおいて父親は、「原則を守る」のが仕事のように思います。

母親は、原則よりもまず、子供のすべてを認めて許すことが、その役割のように思います。

父親の原則は、子供が曲がったことをしたときには厳しく叱るということです。

母親は、小言のような形で子供を叱ることが多いのですが、小言では子供は行動を改めません。父親の叱り方でこそ、子供は行動を改めることができます。

父親は、いざとなれば厳しい叱り方ができるので、子供にとっては母親とは違う絶対的な存在感があるのです。

父親は社会を代表する存在

この父親の役割を生かすのは、実は母親です。父親のいないところで母親が父親を軽く見ているようなことを言うと、子供は正しく成長しません。**子供の前では、父と母が互いに尊敬し合っているという関係でいる**ことが大切です。

子供にとって父親は社会を代表する存在ですから、尊敬する父親がいてこそ、自分も立派な人間になろうという気持ちになります。

私が子供の頃、母親に何か金額のはるもの、たとえば楽器とか靴とか服とかを買ってもらうと、母親が「お父さんが帰ってきたら、ありがとうございましたと言うんだよ」と言っていました。

私はまだ子供だったので、母親が買ってくれたのにどうして父親にお礼を言うのか不思議に思いながらも、神妙にありがとうございました、と挨拶をしたものです。

一般に、父親と母親は、若い頃はあまり仲がよくないことも多いようです。

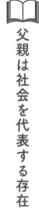

というのは、互いに魅力を感じる間柄というのは性格が異なることが多いので、一緒に暮らしているとその違いがもとで、ぶつかることもまた多いからです。

しかし、子供の前では相手をけなすようなことは言うべきではありません。

子供は親の姿を模倣して育ちますから、父親と母親が互いに尊敬し合っていれば、子供も成長したときに同じように、相手を尊敬するような家庭を築いていくと思います。

けなし合う家庭よりも尊敬し合う家庭の方が、居心地がいいのはたしかです。子供の前では、よりよい家庭の文化をつくっていくことを心がける必要があると思います。

その第一歩は、父親にしても母親にしても、相手のいないところで互いを褒めることなのです。

「冒険的な遊び」を教えるのも父親

父親には厳しい姿勢以外に、もうひとつ母親にはなかなかできない役割があります。

それは、自然の中で野性的に遊んだり、機械を組み立てたり、実験をしたり、工作をしたりという、男の子が好む遊びを一緒にすることです。だから、男の子の趣味の世界を広げるのは、基本的に父親の役割になると思います。

また、冒険をするというのも父親の役割のひとつです。

母親は子供時代から、危ないことをしないように育てられてきた面があるせいか、危険を避けるという発想を大事にしますが、父親には危ないこともおもしろそうだからやってみようという気持ちがあります。

男の子はそういう冒険的なことが好きですから、男の子の冒険心に共感して一緒に遊ぶのは、やはり父親の役割になります。

今、子供たちの遊びは、ディズニーランドに行ったりサファリパークに行ったりという、どこかに出かけて遊ぶスタイルが多くなっていますが、そういう**レジャー施設にわざわざ出かけなくても、身近なところに子供のできる遊びはたくさんあります**。

父親は、自分の子供時代を思い出して、近所の公園で子供と遊ぶことができます。穴を掘ったり、その穴を埋めたり、石を積んだり、積んだものを壊したりというような、お父さんでなければなかなかできない遊びがあるのです。

勉強の面でも、父親と母親は得意分野が違うことが多いものです。

性別の違う大人から、それぞれ得意な分野を教えてもらうというのは、子供の教育にとって価値あることだと思います。

ただし、親が子供に何かを教える場合、親が得意なものについては注意が必要です。親はつい子供に過大な要求をしてしまうので、子供はそれが理由で逆にそのことを好きになれなくなるということもあるのです。

自分の得意なものほど、子供にはレベルをずっと落として教えていくのがコツになります。

子供の心配事は「時がきたら解決する」ことばかり

好きなことにばかり熱中していて大丈夫？

子供がなかなか勉強しない。遊んでばかりいる。マイペースで、自分の好きなことにばかり熱中している……。

周囲が続々と中学受験の塾に通い始める中で、うちの子はこんなにのんびりしていていいのか。もっとはっぱをかけて、しっかりやらせるべきなのか……。そう悩む親御さんも多いと思います。

しかし、今はこのままで大丈夫、**成長とともにどの子も自然としっかりしてくる**ものです。

受験勉強をする子としない子では、学力に大きな差がつくように見えますが、その差は表面的な差に過ぎず、子供が高校生になり自分で自覚して本気で勉強するようになると、小学校時代の学力の差はすぐに逆転してしまうことがあります。

小学校時代の勉強の出来不出来とは、そういう程度の差なのです。

人間の学力は年齢に比例して育つところがあり、小学高学年のときに難しそうに思えたことも、高校生になると簡単に理解できるということがしばしばあります。

これは小学校低学年と高学年の差としても言えることで、小学1、2、3年生の頃に何時間もかけて苦労したことが、小学校高学年になるといとも簡単にできるようになっているということも多いのです。

熱中する力は社会で活躍する土台になる

そして、何かに熱中するのは、子供の成長にとってとても重要なことです。

子供たちが熱中するものは、そのことに熱中した経験のない人から見るとくだらない、時間のムダのような趣味に見えることがあります。

しかし、これまでいろいろな子の例を見てきましたが、**小学校中高学年の時期に何かに熱中する子は、その熱中の力が、年齢が上がってからも分野を変えて続く**ところがあるようです。

社会に出て仕事をするときでも、あるいは学問をするときでも、もっとも基本になる能力は熱中できる能力です。

表面的な学力ではなく、何かに熱中して取り組むという力が、その子の世の中での活躍の土台になっています。

何かに熱中する子は、いたずらもよくします。

子供のいたずらということを考えた場合、そのいたずらにどう対処するかということも大事ですが、それとは別に、いたずらというのは創造性のある証拠だと考えることもまた大事なことです。

世の中で新しいことをつくり出したり発見したりする人は、そのことについて見通しがあって始めたようなことはむしろ少なく、自分がおもしろがってやっていたことが偶然価値あるものとして認められ、世の中で評価されたということが多いのです。

もしそれが社会的に評価されるような成功を収めなければ、単なるいたずらとかムダな時間とか言われたであろうものも、また多いのです。

いたずらは創造性のある証拠

いたずらとは本質的に創造と同じもので、創造性を発揮する子はどの分野でも自分らしいことをしようとします。

その自分らしいことは、はたから見ればムダな回り道のように見えることがありますが、今はムダなことのように見えても、自分らしい創造を求める気持ちは将来役に立つものなのです。

誰でもそうだと思いますが、私も子供の頃はよくいたずらをしました。

近所の中学校のグラウンドにある倉庫の壁に、人がやっと入れるぐらいの穴が空いていて、そこから倉庫の中に入ると、机がぎっしり詰まっている中を迷路のようにくぐり抜けることができました。そこにみんなで入って遊んだり、その倉庫の2階の小さい窓から下に飛び降りる競争をしたりしていました。

親がもしそれを知ったら、必ず止めたようなことですが、親がたまたま知らなかったので、いたずらという意識もなくたっぷりその遊びを楽しんでいたのです。

子供時代のいたずらの経験というのは、それが役に立つか立たないかという評価とは別の意味があり、それはその子が自分らしい人生を生きた証拠とも言えるものです。

時がたてば、いたずらのマイナス面はなくなり、プラス面だけが残ると考えておくといいと思います。

第4章

友達関係と学校のこと

「良い友達をつくる」ことより大切なこと

ひとり時間が好きな子は趣味の世界で交友関係を広げる

親しい友達をつくるきっかけとして、一緒にスポーツに取り組むということがあります。スポーツは、勝敗があるので、そこから強い連帯感が生まれます。勝ち負けがあるということが、人間の強い結びつきを生み出すのです。

この友達関係の姿勢は、スポーツ以外の日常生活にも生かされてくるので、スポーツに熱中した経験のある人は、初めて会った人に対してもスポーツ仲間と交流する感覚で接することができ、友達をつくりやすくなる面があります。

とはいえ、スポーツには得意不得意があり、集団スポーツに向かない子もいます。

そういう子はスポーツに向かないことがひとつの長所で、ひとりで深く考えるような個人の時間を大切にするので、読書をしたり自分の趣味の世界を深めたりすることができます。

その個人の趣味の分野で、話し合える親密な友達がつくれます。

その点で**インターネットの利用は、メジャーでない趣味の分野で友達を見つけるのに役に立ちます**。場所や年齢を超えて自分の好きなことを共有できる友達がいれば、そこで人間関係を学んでいくことができます。

子供にインターネットを禁止している家庭もあるでしょうが、個性的な趣味を持っている子供に関しては、ネットの持つリスクよりもネットの持つ可能性を考えて、本人がネットを利用して情報収集し、友達を見つける機会をつくってあげるといいと思います。

子供が危険なサイトを見たり、個人情報が漏れたりすることを心配する人が多いと思いますが、子供と使い方を相談しながら、ある程度子供の自由意思に任せて、自分の趣味の世界を広げるようにさせていくといいと思います。

子供ですから、多少の脱線はあるとしても、その脱線が広がらないようにしていけばいいと考えておくことです。

自己中心的だと友達ができづらい

ところで、友達関係というものは単にスポーツを通してとか、趣味の交流を通してとかいう方法だけによってできるものではありません。

よい友達関係の根底には、自分自身が相手にとってよい人間であるということが必要で、そのよい人間の基準というものは、自分個人の利益と同じぐらい相手の利益を考えるということです。

世の中は、その人の人間性というものをよく見ているところがあります。誰も見ていないように見えても、困っている人をそっと助けてあげるとか、道に落ちているゴミを拾って捨て直すとかいう小さな行為は、必ずそれを知る人がいて、その人の人間性の評価というものにつながっていきます。

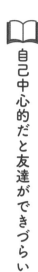

だから親は、よい友達をつくることを考える前に、その子を友達にとってプラスになるような、自分個人のことだけを考えずに行動するような子に育てることを考えていく必要があります。

友達関係がうまくいかない子の多くは、個人のエゴイズムというほどではないにしても、他人を喜ばせることよりも、自分が喜ぶことだけを考えている面があります。自分勝手とか自己中心とか、自慢ばかりしているとか思われている間は、なかなか親しい友達はつくれません。

よい友達関係をつくるためには、よい人間になることが必要で、それは常に相手への思いやりを持つことだということを教えてあげられるのは、親だけだと思います。

相手への思いやりを持つというような小さな倫理観が、子供の友達関係の基礎となります。

あるとき、小学生の女の子が何かいたずらをして、学校の先生に叱られたことがありました。すると、もうひとりの女の子は自分が叱られていないし、先生にもそう思われていないのに、こう言ったのです。

「自分も同じことをしていたし、あの子だけ叱られるのは悪いから、先生に自分もやりましたって言ってこなくちゃ」

そういう正直な姿勢は、必ずその子のほかの行動にも表れてきます。そのような生き方をしている子は、自然に信頼できる友達が増えます。

よい友達をつくりたいということを最初に考えるのではなく、自分がよい人間であることが出発点で、その結果として、よい友達ができると考えることが大切です。

この時期の男子の友達関係

悪ノリできる子が本当の仲間という感覚

小学校低学年までは、先生に従うことはよいことでしたが、小学校高学年になって身体が大きくなり、自分の考えを主張できるようになってくると、先生に従う子は逆に弱い子のように見なされることがあります。

子供同士の人間関係の中では、先生に従う子よりも先生に反抗する子の方が、自分たちのリーダーとしてふさわしいというような感じ方が出てくるのだと思います。すると、先生によく褒められるような子は、かえってみんなから弱く見られるようになることがあります。

これは人類の昔の時代の名残で、誰もが強い者に従って安全を確保しようとしていた時代を人類は長い間経てきたので、既成の権威に従わない子の方が、自分たちのリーダーとしてふさわしいという感覚が出てくるのではないかと思います。

ここが、小学校高学年の子育てのポイントのひとつで、とくに**男の子は、勝つことをめざすというのが人間の成長段階のひとつとして必要になってきます**。

小学校高学年の子供たちにとっては、悪ノリのできる子が本当の仲間だという感覚があります。

この頃の子供たちはいたずらが好きです。一緒にいたずらをして一緒に叱られると、そこで仲間意識が生まれます。

子供の成長段階は、最初は大人である先生や親を基準にしていますが、次第に友達関係が自分の行動の基準になり、やがて友達の先にある自己というものが、行動の基準になります。

小学校高学年では、大人に従う子は精神年齢のまだ低い子であり、大人に反抗して仲間と付き合う子は成長している子という漠然とした感覚が、子供たちの間にあります。

しかし、本当はもっと成長した子は、仲間の意向に反しても自分の考えを貫くという自己を確立させている子です。

戦うことと負けないことの大切さを教える

母親は、強い子ということにあまり関心を持たないと思いますが、小学校高学年の男の子は強い子である必要があり、そういう時期を経過することも必要なのだということを理解しておくのが大事です。

男の子は、成長期のある時期に強い子になりたいと思います。それは冒険を恐れない子供という意味でもあります。

探検家のアムンゼンは、将来極地の探検家になりたいと思ったので、子供時代に風の吹く日に窓を開けっ放しにして寝ていたというエピソードがあります。

この、我慢するとか、がんばるとか、負けないとかいう気持ちが、この時期に育っていくのです。

そこで大人は、この強い子育てをすると同時に、弱い者への思いやりも必要だということを教えていく必要があります。

ただし、弱い者への思いやりというのは、誰にとってもアドバイスしやすいことですが、**本当は世の中をよくするのは強い力であって、弱い優しさだけでは不十分なことが多い**ものです。

誰にも優しくするということは、心がけ次第でできますが、強いものに対して戦うということは、心がけだけではなかなかできるものでありません。

ですから、男の子には、戦うことと負けないことの大切さを教えておく必要があると思います。

この時期の女子の友達関係

女子の中でうまくやるには「調和」がキーワード

以下は、私自身が女の子ではないので、あくまでも外側から見た女の子論です。

昔、縄文時代ぐらいまでさかのぼると、たぶん男性は身体的な特徴から、外に出て行動する仕事を中心としていたと思います。だから、男性は、それが人と戦う意味ではないにせよ、戦うことをいとわない性だったのです。

それに対して、女性は身体的な特徴からも、家にいて村を守る仕事を中心にしていたと思います。だから、女性は調和する性だったのです。

そういう特徴は、現代にも生きていると思います。もちろん、調和を大事にする男性もいれば戦いをいとわない女性もいますから、この性の違いは、男性と女性の違いというよりも、より大きく男性性と女性性の違いと言ってもいいとは思います。

女の子の人間関係は、調和を大事にするところにあると思います。

女の子はよく一緒にトイレに行くというようなことがあるようですが、それを付和雷同のように考えるのではなく、**自然に相手に合わせる気持ちが出ている**ことだと考えるといいと思います。

逆に、自分のペースでやるという子や、ひとりだけポツンと自分の世界に入っている子は、それ自体はその人の持ち味だからいいのですが、友達との関係がつくりにくくなることがあります。

子供は誰でも発展途上の人生を送っていますから、友達関係でのいろいろな失敗や成功を経験して、だんだんといい人間関係を築けるようになります。

しかし、その失敗を少なくするように、親がアドバイスしてあげられることは多いと思います。

友達との調和を妨げる生き方には、次のようなものがあります。

自慢しすぎない、「でも」とすぐに反論しない

第一は、自慢しすぎることです。

能力のある子の中に、人前で自慢しすぎるということが時々あります。**自慢するということは、暗黙のうちに相手を見下しているということになる**ので、そういう子は友達関係をつくりにくいところがあります。

たとえば誰かが何かに取り組んでいて、「やっとできた」と喜んだら、「わあ、よかったね」と言ってあげればいいのですが、「私はもうとっくにできていた」などと言ってしまう子です。

第二は、「でも」と、すぐに反論を言うことです。

頭のいい子は、何かの話を聞いていると、すぐに反対意見を思いつきます。

相手の話のいいところだけを尊重していればいいのですが、思いついたことを、「でも、こういうこともあるでしょ」などと言ってしまうと、それが正しいことであってて

も、話をした方はいい気はしないものです。

意見を交わすことが必要な場面では、正しいことをしっかり言うのは大事ですが、日常の雑談の中では、テニスや卓球のラリーのように話が続くところに意味があります。

反論も、話を続ける楽しい反論として言うような工夫が必要になります。

また、これに関連して親がその場にいない人の、たとえば政治家とか先生とか近所の人とかの悪口を言うと、子供はそういう悪口を言う発想をすぐに真似します。

できるだけいつも物事のよい面、明るい面を見て、それを口に出すことが大事です。

機嫌の悪い顔をしない。男子も同じ

第三は、機嫌の悪い顔をしないことです。

これは、女性も男性も共通して大事なことです。

教室に来ている子でも、たまに機嫌の悪そうな顔をしたままの子がいます。家や学校で何か気に入らないことがあったときは、機嫌が悪くなるのは当然ですが、それを人前では出さない配慮が必要です。
それは、**機嫌の悪い顔でいるのは、自分中心で周りの人の気持ちを考えていないこと**だからです。

機嫌のよさは、年齢が上がり、社会的な地位が上がるほど大事になってきます。それは、その場の雰囲気を左右するからです。

家庭では、父親も母親もいつも機嫌よくいることが大事です。また、子供には、人前ではいつも明るい顔でいるようにと言っておくことです。

というのは、明るい顔でいることは、心がけ次第で誰にもすぐにできることだからです。

いじめにあったら「早めの対処」が重要

子供自身でまずは解決させる

いじめにあったら、避けることが第一で、第二は戦うことです。

しかも、この戦うことは早めに始めることが大事で、最初は我慢して途中から戦うというのは、人間にはなかなかできないところがあります。

私のうちの長男は争い事が嫌いで、次男もそうですが、平和を好む子でした。

幼稚園の頃から、友達に何をされても仕返しをするというようなことが、めったにありませんでした。

その子が、体の大きい友達と遊んでいるときに、その体の大きい子に自分の持っているおもちゃを取られたことがありました。

取るといっても子供なりのやり方で、「これちょっと貸してな」と言って、ずっと返さないということなのです。

一緒に遊んでいるときに、うちの子が、「〇〇君におもちゃを取られて返してくれない」と言ってきたので、いつもその子がいじめる側に回っているようなことを知っていた私は、子供に自分の力で取り返してこいと言いました。

その結果、長男はしたくもない争いをしてその子を泣かし、結局おもちゃを返してもらいました。しかし、その後も、その子とはよく一緒に遊ぶ関係が普通に続いたのです。

子供同士の問題があった場合、大人が助けて解決しても、子供同士で解決しなければ、同じことは何度でも隠れた形で起こります。

本人同士が決着をつけない限り、いじめ、いじめられる関係はなくなりません。

親や先生がうまく話をして、いじめが一見なくなったように見えても、そのいじめは隠れた形で続いていくものだからです。

最初の一歩で我慢すると、その後戦えなくなる

人間は最初の一歩で負けたり譲ったり我慢したりすると、二歩目以降はさらに戦えなくなるというところがあります。

「葉隠」（江戸時代の武士道書）には、「我が身に関わる重大事はしゃにむにやってのけなければならない」ということが書かれています。行動する前に、考えたり、相談したり、計画を練ったりしたら、それは結局負け犬になることなのです。

私が昔よく読んでいた船井幸雄さんの本によると、船井さんは、小さいときからけんかが強かったそうですが、そのけんかのコツは決して「まいった」と言わないことだということが書かれていました。

私は、けんかというものはほとんどしませんでしたが、この「まいったと言わなければ勝ったことになる」という考えはとても参考になりました。

いじめの場合でも、相手から一目置かれればいじめはひどくはなりません。

相手から一目も置かれないと、いじめが加速するところがあります。

「あいつをいじめたら、あとが大変になりそうだ」ということがあれば、いじめは止まります。

逆に、いじめても抵抗しないだろうということが、いじめのひとつの原因になるのです。もちろん、いじめる方が悪いのは当然ですが、そもそもいじめに合わないために、いじめたら面倒だと思われることは大切です。

親さえ味方なら乗り越えられる

いじめに対して、子供がひとりで戦うことが困難であれば、その場合は家族ぐるみで対応する必要があります。

家族ぐるみで対応する場合は、力関係以上のものを親が工夫することができます。

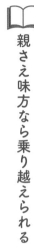

たとえば、**いじめている子供たちを呼び、家で誕生日パーティーを開く**などという方法です。

つまり、いじめる相手を包み込んで、いじめのボスよりも親の方がより大きいボスだと思わせるようなやり方で、いじめている子たちを包み込むのです。
いじめのボスに従っていた子供たちに、本当のボスは今のいじめのボスではなく、いじめられている子のお母さんの方がボスとしてふさわしいと思わせる、ということです。

いじめにあって解決できないときでも、最後の頼みの綱は親です。
どんなときでも親が優しく子供を迎えてあげさえすれば、子供は学校での困難も家で解消していくことができます。

いじめられる子にはそれなりの弱点があるということが言われますが、それは誰にでもある

ので、それを今直そうとするよりも、成長の過程で自然に直っていくものだと考えることです。

むしろ、その今弱点と思われているものが、やがて長所になることがきわめて多いのです。

いじめられた子は相手の痛みがわかるから、寛容な人に育ちます。

出口が見えないときでも、時が経てば必ず解決すると考えていくことが大事で、伝記などを読む意義もそこにあります。

世の中に出た人のほとんどすべては、若いときに困難な道を歩んでいます。そして、誰のいじめにもあわなかったという人は、たぶんひとりもいません。

若いときの苦しい経験を乗り越えて、そこで耐える力を養い、大きく成長していったのです。

いじめる側にしないための「あらかじめの教育」

たったひとりでも声をあげる勇気

いじめている側に、いじめているという自覚はないのが普通です。仲間意識から、みんなに共通する人物を見つけて批判するような、あるいはからかうようなところからいじめが始まります。

大人の世界でも同じです。他人の批判で盛り上がるのは、自分のレベルが低いからという自覚が必要なのですが、子供にはまだそういう自覚はありません。そこで共通のからかう相手や批判する相手を見つけては、仲間意識を確かめ合うのです。

だから、子育ての中で大事なことのひとつは、**子供に人の悪口を言わせない**ことです。

子供が誰かの悪口を言ったら、親は「その人だって事情があるからそうなるはずなので、そのことを考えてあげるといいよ」というアドバイスをするのです。

大勢の子がひとりの子をからかう場合、そのままからかう相手が変わっていけば、それは遊びと同じで問題はありません。

最初はA君がみんなからからかわれたが、その後A君が言い返してB君がからかわれ、次にそれを笑っていたC君がからかわれるというような流動性があれば、それは普通の友達関係です。

問題は、**からかう相手がひとりの子に集中する場合がある**ことです。

そのときに、そのひとりの子がかわいそうだと思える子は、そのからかいをやめさせる、勇気あるひと言を言うことが大事です。

よく、いじめをやめさせようとすれば、今度は自分がいじめの対象になるということを言う人がいますが、そういう生き方では世の中でよいことをすることはできません。

たったひとりであっても、からかっている大勢に向かって、それはやめようと言う勇気を持つことが大切です。

自分はいじめていないからいいというのではなく、いじめをやめさせようという積極的な姿勢が大事です。

世の中に出れば、理不尽なことは数多くあります。それをただ我慢するだけの人が多くなれば、理不尽なことはいつまでも続きますが、やめさせようとする人が増えれば社会は自然によくなります。

キング牧師が声を上げなければ、黒人は今でもアメリカで人権を認められなかったかもしれません。**黙って耐える人がいくら増えても、世の中はよくなりません。**そういう人間社会の明るい展望を、子供の頃から話しておくことが大事です。

「ならぬことはならぬ」を言い続けて刷り込む

あらゆる困難は、自分を成長させてくれる経験です。

いじめる側もいじめられる側も、どちらも成長過程の未熟な人間なのだと考え、その未熟さを経験することによって次第に成長していくのだという、大きな人間の成長の流れを考えておくことが大切です。

いじめた側も、いじめられた側も、そのいじめ関係を固定して見るのではなく、どちらも何かのきっかけでそういう関係がたまたま生まれたのであり、それは互いの成長によって、やがて克服していけるものだったと大きく考えることが大切です。

いじめることも、いじめられることも、小さい子がよく転んで怪我するのと同じです。何度か転んでいるうちに、だんだん転ばなくなるというのが人間の成長です。


そのためには「あらかじめの教育」で、子供が小さい頃から、つまり、まだいじめるとかいじめられるとかいう関係ができるはるか前の時期から、いじめはしないということを伝えておくことが大切です。

江戸時代の会津藩の「什《じゅう》の掟」というものは、子育てのひとつの規範として参考になります。

什とは、会津藩における藩士の子弟の教育を目的とした、子供による組織です。

一、年長者の言ふことに背いてはなりませぬ

二、年長者には御辞儀をしなければなりませぬ
三、虚言を言ふ事はなりませぬ
四、卑怯な振舞をしてはなりませぬ
五、弱い者をいぢめてはなりませぬ
六、戸外で物を食べてはなりませぬ
七、戸外で婦人と言葉を交へてはなりませぬ
ならぬことはならぬものです

「ならぬことはならぬものです」ということが大事で、いじめてはいけないということに理由は必要ありませんから、子供時代に人をいじめないように言い続けていれば、その子は人をいじめない子になります。

それを言わないと、成長の過程で人をいじめる側に回ってしまうようなことがあるということなのです。

不登校は無理に学校に行かせようとしない

私も教室の席に座っているのが苦痛だった

私は学校があまり好きではありませんでした。

小学生の頃は、いつも窓の外の校庭を見ては、スズメは自由でいいなあと思っていました。

なにしろ先生の話を聞いているのが退屈で仕方がなかったのです。自分から進んで何もすることのない、ただ人の話を聞かされるだけの時間が退屈だったのです。
そのため、教科書のほぼ全ページにわたって落書きをしていました。
だから、テストのあるときだけはほっとしました。テストには、自分から進んで取り組むことができる時間があったからです。

このような経験から、**子供は自分で何かをしたがっているのであって、決して人に教えてもらいたがっているのではない**という確信ができました。

教えてもらうような内容はすべて教科書に書かれているのだから、自分で読んで理解すればよく、わからないところだけ聞ける人がいればいいという考えは、いつかその後の自分の勉強観の土台になりました。

これが、今行っている自主学習クラスの原点です。

作文も同じです。

作文については、他人の目でなければ評価はできないという事情があるので、独学は難しいのですが、それでも先生が一方的に評価するのではなく、子供が自分で書いたものを自分で評価できるようにしたいと思い、表現の項目を中心とした作文指導を始めました。

また、その項目指導の延長として、文章力の自動採点ソフトをつくり、子供が書いた作文をネットで送ると、即座に点数が出るという自動採点の仕組みもつくりました。これは「作文小論文の評価採点装置」という特許をとっています。

4年生で不登校になり、数ヵ月山村留学した次男

人間は、勉強でも遊びでも、自分のペースでやるのがいちばん合っています。

他人に言われたとおりにやらされて評価されるというのは、もともとあまり好きではないのが普通です。

ところが、**今の学校教育のほとんどは、人に言われたことをどれだけ言われたとおりにやるかということで成り立っています。**

だから、そういうことが苦手な子が不登校になる気持ちはよくわかります。

うちの下の子が小学4年生のとき、ある日、学校に行きたくないと言い出しました。

理由は、クラスの中で勉強ができない子がいるらしく、その子が先生に叱られるのを見るのが嫌だと言うのです。

私は、そういう理由で行きたくなかったら行かなくても全然問題ないし、むしろ行かない方が楽しい小学生時代を送れるだろうと思いました。

その後、数ヵ月、子供は北海道の山村留学に行き楽しく過ごしていたようですが、やはりお父さんお母さんと一緒にいる方がいいと言い、帰ってきてまた学校に行くようになりました。

短い期間の不登校でしたが、このようなことは誰にもあることであり、それがたまたま長期化している子もいるのだと思います。

家で勉強できる環境が整えば大丈夫

学校という仕組み自体が、現在では半ば制度疲労を起こしているので、不登校の問題は個人の問題というよりも、社会の仕組みの問題のように思います。

今の学校の不登校の増大と比較して、それと対照的なのが江戸時代の寺子屋だったと思います。

江戸時代の寺子屋の先生を祀る筆塚または筆子塚というのが今でも各地に残っていますが、寺子屋の先生は、子供が成長して大人になってからも先生として慕われ、師弟の関係は一生続いたということです。

学校という制度自体が時代に合わなくなっている今は、先生と生徒がかつての江戸時代のような継続する師弟関係でいることは難しいのだと思います。

とくに、中学の教育は子供を評価して点数をつけることが、あたかも教育の目標であるかのような形で行われているところがあります。

本来の教育は、子供を評価することではなく、どの子も成長させることで、そのことによって社会をよくすることです。

ところが、今の教育は、受験が目的にならざるを得ないので、子供も好むと好まざるとにかかわらず、競争という形で教育を受けるようになっています。ここに大きな問題があるのだと思います。

不登校の子供に対して、大事なことは、子供が学校に行くか行かないかということではありません。

ひとつは、**学校に行かなくてもできる勉強をしていくこと、もうひとつは友達との人間関係をつくること、そして最後に、自分なりに規則正しい生活をすること**です。

言葉の森のオンラインクラスには、学校に行かない子もいつも生き生きと参加しています。

不登校中の子供にとって、学校に行くというのは負担の大きいことです。また、途中で帰りたくなっても、なかなか帰ると言い出すことができないものです。

ところが、オンラインのクラスであれば、もともと接続しているのが自分の家ですから、スイッチを切れば、そこはそのまま自分の家です。

これから、このオンラインスクールのようなところで勉強したり、友達と交流をしたりするケースが増えてくるのではないかと思います。

不登校は、今の学校が受け皿になって解決するのではなく、新しい受け皿の仕組みをつくることによって、子供の教育の本来の目的を実現するという方向で解決する問題のように思います。

第5章

中学校以降は自立をめざして

中学生はどうなる？

小6と中1ではわずか1年しか違わない

小学6年生までは子供の面倒をよく見ているお父さんお母さんでも、中学生になると本人任せにしてしまう場合が多いと思います。

中学生になると、子供は親から自立したいという気持ちを持つようになり、小学生のときのように親の言うことをそのまま聞くということが少なくなります。しかし、小6と中1では、わずか1年しか違いません。

小学6年生のときに自分で計画をして勉強することのできなかった子が、中学生になって突然自分で計画して、中間テストや期末テストの計画を立てて勉強するというようなことはあり得ません。

子供は自分ひとりでやることに不安を持っていますから、**中学3年生になるまでは親が勉強の内容を把握しておき、子供にその都度状況に合ったアドバイスをする**必要があります。

中学3年生までの義務教育の勉強は、特殊な入試問題を除けば、誰でもできて当然の内容なのですから、中学生の間は親が勉強の内容を把握しておく必要があります。

また、勉強の内容を把握しないまでも、定期テストの計画などは子供だけでは立てられないのが普通ですから、親が定期テストの一週間ぐらい前から、どういう計画で勉強したらいいかというようなことを、アドバイスしていくといいのです。

すると、**子供はそのやり方を身につけて、次第に自分ひとりで計画を立てて勉強するようになります。**

中3まではリビング勉強で親がみる

成績が思わしくない教科があったとき、すぐに対症療法で短期間で何とかしようと思いがちですが、**中学生になって成績が悪い場合、それは長い間の積み重ねに問題があることが多い**ものです。

だから、苦手な分野があったとしたら、その分野の基本的な勉強を長期間かけて、実力をつける形で対応していく必要があります。

この長期間の取り組みの間は、成果にすぐには結びつかないので、子供がひとりで実行し続けることがなかなかできません。

たとえば、英語であれば教科書の音読や暗唱、国語であれば問題集読書というような勉強は、その勉強をしてすぐに成績が上がるということはありません。

だから、どうしてもすぐ点数になるような解き方のコツのようなところに向かいがちですが、本当に力をつけるためには、そういう**長い時間かけて実力を養う勉強をしていく**必要があります。

数学の場合、入試に出てくるのは、解法を理解していないと解けない問題です。解法とは、ある問題は右の方から行くとなかなか解けないが、左の方から行くと簡単に解けるという解き方のパターンです。だから、解法を理解する勉強でないと、数学の成績は上がらないのです。

誰でも、できる問題を解いているときの方が楽しいものですが、できる問題を何問解いても、それで力がつくわけではありません。できない問題を繰り返し解き、それが楽に解けるようになったときに初めて実力がついたと言えるのです。


こういうことすべてが、子供に任せていたのでは不十分にしかできません。ですから、子供が中学3年生になるまでは、勉強も自分の部屋ではなくリビングで行うことを原則としていくのがいいのです。

読書習慣は途絶えさせないようにする

中学生時代は、人間の成長途上にあることの長所も弱点も同時に出てくる時期です。そのために、中学2年生まではいじめなども多くなる傾向があります。

これが中学3年生や高校生になると、自然に人をいじめるようなことはなくなっていきます。

この中学生の時期は、仲間意識が強くなる時期でもあるので、悪い仲間に会うと友達感覚のノリで悪いことをする場合も出てきます。

誰とでも付き合う姿勢を持つことは大事ですが、悪いことにはたとえひとりでも反対する勇気を持つことが大切で、それは「あらかじめの教育」として小学生の間に時々言っておく必要があります。

中学生の時期に読書によって得るものは多いので、子供に本を読む習慣だけは途絶えさせないようにしなければなりません。

今はスマホなどを使うことが多くなり、本から遠ざかる子が増えていますが、この時期に本を読む生活を続けていることは、必ず後で生きていきます。

読書については、試験勉強の一週間前は除いて、常に毎日行えるように進めておく必要があります。

反抗期も叱るべきときはきちんと叱る

内面が成長すれば自然と収まるもの

反抗期は、中学生の時期になってから盛んになりますが、小学5、6年生の間にもその兆しは出てきます。そして、早くは、小学4年生の頃から親の言うことに反発し、自分の意見を主張することが増えてきます。

それは、**親の権威というものが相対的になる**からで、自分の内面性が育ち、反抗できる自分というものを自覚することができるようになるからです。

単なる反発ではなく、反発できている自分がいて、当惑している親がいるというのを知っていて反発しているのです。

これは、**本人の内面性が成長すれば自然に解消していく**ことで、その結果が反抗期の卒業です。

反抗は、初めは子供にとって新しい価値あることのように思えます。それは、子供が新しい自分をつくり上げるために、古い自分を壊す作業だからです。

しかし、その後、目上の人に対する反抗という行動を何年か続けるうちに、壊すこと自体には意味がないとわかってきます。そうして、反抗を卒業するのです。

腫れ物に触るような接し方はしない

反抗期は、いずれ誰でも卒業するものですが、その途中の過程が親には大変に思えます。しかし、この反抗期の時期でも、腫れ物に触るような接し方をするのではなく、曲がったことはきちんと正すという姿勢を保っていることが大切です。

そのためには**親の気迫も必要で、子供の反抗心を上回る気力で子供と接する**ことが大事なのだと思います。

言葉の森の通学教室でも、小学校高学年や中学生の生徒の中で、ごくたまにですがイスを後ろ向きにして腰掛けて勉強をするような子が出てきます。こういう態度は、漠然とした反抗心の現れなのです。

そういうときは黙って見過ごしていても、自分が座りにくいだけですから自然にそういう姿勢はなくなるのですが、私の場合は必ず叱るようにしています。このときに、ある程度の気迫というものがやはり必要です。

この叱る気迫というものは、男女の差というのではありませんが、一般に母親という立場の人には難しい面があるので、家庭では父親が筋を通すということをしておく必要があると思います。

江戸時代に反抗期はなかった?

昔、江戸時代の頃までは、たぶん反抗というものは今のような形ではありませんでした。身分制の固定した社会では、親子が同じ職業に就くので、同じ仲間であり師弟であるというような関係があったからです。

今そういう関係になるのは、限られた職業か、受験勉強というやはり限られた状況においてです。

反抗とは、親の権威が相対的になるとともに、**子供が過去の自分を壊し、新しい自分をつくる途中の過程**ですから、それをよりスムーズに進め、反抗を卒業させ、自分の建設に向かう方向に進めていくという大きな方向を考えておく必要があります。

その際に、親が子供の協力者として登場できるように、親もまた自分らしい人生を歩む試みを続けていくことが大切です。

反抗とは、子供が過去の自分を否定して、新しい自分をつくろうとする途中の過程で起こることなので、子供の自主性を認め、その自立を助けるという姿勢を親が持つことは、子供に協力することと同じくらい重要なことになるのです。

「個性を生かして仕事をする」大人に育てるのが目標

メジャーをめざすことが割に合わない時代に

個性を生かした仕事をできる人にするのが、これからの子育ての大きな方向です。

現在は、日本だけでなく、世界的に経済成長が終わりつつある時代です。物の生産による量の成長が終わった時代の後にくるものは、文化の創造による質の多様化の時代です。

今の日本では、少子化と高齢化により、社会のほぼあらゆる分野で量が増えるという前提がなくなっています。しかし、その分、文化的な質の多様化が広がれば、その多様化が新しい成長の原動力となっていきます。

量の成長の時代には、メジャーなものが、誰もがめざす目標でしたが、質の多様化の時代にはメジャーなものは、ますます山頂が狭くなり、ますます途中の競争が激しくなり、その割に見返りが少なくなるようなものになってきます。

メジャーをめざすことが、次第に割りの合わないものになってくるのです。

見通しがあるのは、むしろメジャーではない分野です。

自分の個性を生かした仕事を見つけ、つくり出す工夫をしていくことが、これからの人間の生き方の目標になってきます。これは正解が人によって異なるので、かつての量の成長の時代のように、誰もが納得できるあらかじめ明らかな答えがあるのではありません。

将来、子供が幸福な人生を送るためには、その子の個性を生かし、その個性の分野で第一人者となるような方向をめざしていく必要があります。その準備としてできることは、個性が大事だという感覚を子供の頃から育てておくことです。

しかし、今の世の中で役に立つと思われているような個性は、もはや目指す個性ではなく、過ぎ去った過去の時代のメジャーなものに属する個性にすぎないことも多いのです。

個性を生かした人生というと、そのひとつの例が、さかなクンのような生き方です。

さかなクンは肩書は魚類学者ですが、学者というよりも魚の魅力を情熱を込めて多くの人に伝える仕事をしています。

さかなクンは、誰もさかなクンらしい生き方を知らない時代に、さかなクンらしく生きてきたので、個性的な生き方になったのです。

今誰かが、僕も魚が好きなので将来さかなクンのような人になりたいと言ったら、それはもうそれほど個性的な生き方ではありません。

個性は誰も評価されないようなところに育っていくもので、みんなから認められるような個性は過去の個性です。

だから、第二のさかなクンをめざす人は、やがてさかなクンを超えることを本当の目標にしていくといいのです。

インターネットが組織と個人の差をなくした

これまでは多数決の多数派に乗るのが成功の秘訣でした。

ケインズは株式投資を美人投票にたとえて、自分が美人だと思う人ではなく、みんなが美人だと思うであろう人に投票するのが投資に勝つ方法だと言いました。

この考え方は一見正しいように見えますが、その言い方こそ今過去のものになりつつある多数派の生き方です。

多数派に乗らないことがこれからの個性的な選択になってきますが、それは美人投票で不美人に投票するということではありません(美人投票ということが問題であれば、美男子投票でもいいのですが)。

自分の好きな人を、みんなが認めるような美人(美男子)にしていくということが、少数派の時代に成功する生き方になるのです。

昔は多数派しか成功する道がないように見えたのは、情報が一部に偏っていたからです。大きな組織でなければ正しい情報が手に入らず、役に立つ道具が使えないという制約がありました。

しかし、今はインターネットで多くのものが手に入る時代です。大組織であることと個人であることの間に、使える情報や道具の差はどんどん少なくなっています。むしろロングテールを利用して、自分の個性を求める人を世界中から引き寄せることもできます。

ロングテール（長いしっぽ）とは、インターネット以前にはある程度の人数の商圏でなければ商売が成立しなかったものが、インターネット時代には世界の果てのたったひとりの人でも顧客になり得るということです。

勉強はそこそこで、人と違うことをする時間をつくる

個性を生かした仕事をするためには、子供が小さいうちから、学校の勉強はひとと

おり人並みにやることを前提としたうえで、できるだけ人と違ったものを持つことがこれからは必要なのだということを、折に触れて話しておくことです。

小さいときから自分らしい個性を大事にしていれば、必ずその個性の発展の中でぶつかるものや、乗り越えなければならないものが出てきます。

その乗り越えなければならないものは、メジャーな分野ではないので、模範解答はどこにもありません。その模範解答のない世界を一歩ずつ克服することによって、その人の個性は盤石なものになっていきます。

そのためには小さな個性的な一歩が必要で、ひととおり安定した生活が送れるようになってから、ゆとりがあったら個性を伸ばそうというのではなく、ゆとりのない時代から常に個性的であることの大切さを考えておく必要があるのです。

工業製品を中心とした、量の経済の時代の資本は、お金でした。

文化を中心とした、質の経済の時代の資本は、時間です。かけた時間が、個性という資本になるのです。

子供の成長の目標は、以前はよい学校に入り、よい会社に入り、というような漠然としたメジャー志向でした。

それはしばらくはまだ続くかもしれませんが、次第にその生き方の行き詰まりが見えてきます。それは、経済の量的な成長が止まってきているからです。

そういう大きな流れが子供にも伝わるので、子供は何のために勉強するのかわからないというような言い方をすることがあるのです。

勉強は自分の人生をつくるためにあり、そして、人生というのは自分の個性を生かして生きていくことにある、ということを明確にしておけば、子供に対する勉強のすすめも説得力を持ってくるようになります。

親が生き生きと働く姿を見せる

副業のすすめ

子育てで大事なことは、親の後ろ姿で育てるということです。

子供の成長を見ている生活は、それなりに充実したものですが、子供はだんだんと大きくなり、やがて親のもとを離れるようになります。

子供は自分の人生をしっかり生きていきたいと思っています。人に指示された人生ではなく、自分なりの人生をつくりたいと思っているのです。そのときに、見本となるのが、やはり身近にいるお父さんやお母さんの姿です。

お父さんお母さんが自分の人生を考えて、新しい何かに挑戦しているという姿を見せることが、子供が大きくなるにつれて子育てのひとつの大きな要素になります。

高度成長時代は、自分の就職した会社の仕事をがんばり、その仕事に挑戦することが多くの人の生き方の中心になっていました。しかし、**低成長時代には、仕事にがんばろうとしても、がんばりようがない分野も増えています**。

そこで考えられるのが、副業のような自分で行う小さな仕事です。

個人が取り組む仕事は、まだみんなが気がついていない小さなことで利益を生み出せる分野を見つけ、そこを開拓していくような仕事です。そういう小さな仕事を多くの人が行えば、ひとつひとつは小さな利益であっても、世の中全体にとっては大きな利益になり、その分社会は豊かになります。

「人に教える」仕事が増えてくる

今は、文化的な副業というものが、多くの人にとって可能な世の中になっています。子供たちが生きる未来の社会は、今までのように、ひとつの会社に勤めて一生を送るようなことはむしろ少なくなり、自分で始める個性的な仕事が増えていくようになります。そのときに、親が同じように自分でやる仕事を経験していれば、子供の将来の相談相手になれます。

どういう仕事の分野がいいかというと、基本は自分が長年手がけてきたものを生かすことです。

人間の個性は、かけた時間に比例しているので、長い期間やっていたものは必ずそこに他の人ではできないものの芽があります。

もうひとつの考えは、これからの世の中は多くの人が自分らしい仕事をしたいと考えるようになるだろうということです。すると、物を売るような仕事よりも、人に教えるような仕事がだんだん増えてきます。

自分がある分野で成功を収めると同時に、その成功のコツを他の人に教えるというような、文化の創造と文化の教育がセットになった形の仕事が、これから増えていくのです。

新しいことに挑戦する親が手本になる

江戸時代のような、かつての安定した社会を見ると、今後の日本社会の発展する方向がわかってきます。

経済成長や社会の変化が止まり、平和で安定した状態が長期間続いた江戸時代には、様々な文化が生まれました。

私がおもしろいと思うのは、ウズラの鳴き合わせというような娯楽があったということです。

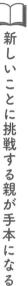

いい声で鳴くウズラは金銀象牙を散りばめた鳥かごに飼われ、鳴き声によって横綱、大関などの番付表がつくられ、ウズラを持ち運ぶための巾着袋まで考案されたということですから、同じような新しい娯楽はいくらでも思いつくことができそうな気がします。

これからの日本も、メジャーな音楽やスポーツのような分野だけではなく、ごく少数の人しか興味を持たないような狭い分野で新しい文化をつくるということが、だんだん広がっていきます。

この、文化の分野での副業を探すということが、これから重要になってきます。そして、個性とは、かけた時間のことですから、最初は小さな個性であっても、そのことを続けていけば、必ずその分野で活躍する道が開けてきます。

文化をつくるということは、今はまだ何もないところから始めることが大事です。すでにあるものを真似するのではなく、新しいまだないものをつくり出すというところに未来の可能性があります。

今メジャーなスポーツになっているサッカーやゴルフや野球やバスケットボールにしても、もし宇宙人がそのスポーツを見たら、地球人は随分特殊なことを楽しんでいると思うでしょう。

ゴルフというものがない星で、新しくゴルフというスポーツをつくるというようなことを考えると、その困難さは極めて大きいものだとわかります。

このように、**今行われている多くの文化やスポーツは、うまく行くかどうかという**

立場から考えられたのではなく、やっている人が好きで長い時間を費やしたことで広がっていったのです。

また、日本には様々な文化の長い伝統があり、その伝統のいくつかは単なる技能の習得にとどまらず、「道」をきわめるという方向に発展しています。

自分で新しい文化をつくり、それをライフワークにし、道にまで高めていこうと実行しているお父さんお母さんは、子供にとって魅力的な存在になるでしょう。

子離れしていくための考え方

「いつか来る」ではなく意識的に迎えられるように

親であれば、子供を第一に考えることは当然です。しかし、子供は必ず成長していき、子供が親から離れるとともに、親も子供から離れていく時期が来ます。やがてその時期が来ると思うのではなく、その時期を意識的に迎えるようにしていくことが大切です。

そのためには、子供に手がかからなくなってから自分の人生を歩もうとするのではなく、子供を育てている最中にも、自分らしい生き方を考えていく必要があります。

親が自分らしい生き方を考えるように、子供も子供なりに自分らしい生き方をしたいと思っています。

親は子供を自分の後ろからついて来させたいと思いがちですが、子供には子供の人生があります。親の模倣のような生き方はしたいとは思っていません。

もちろん家業を継がなければならないというような事情のある家もありますが、その場合でも子供は親の歩いたあとを歩くのではなく、新しく創造的な仕事をつくり出していこうと思うはずです。

人間の人生には必ずその人なりのテーマがあり、そのテーマは他の人が教えてくれるわけではありません。逆に、周りの人からは止められるような困難の大きいテーマに取り組むことこそが、その人の生きる目的と言えるのかもしれません。

自分の人生を生きれば自然と子離れできる

親が子供から自立するためには、子供から離れることを目的とするのではなく、自分が新しい人生をつくり出すことを目的とすることです。

何事も遅すぎるということはなく、思いついたことを今から始めるという姿勢が大切です。とくに現代は、新しい情報機器や新しいクラウドサービスが次々と出てくる時代です。その新しい活用法を学ぶだけでも、自分の新しい生き方に結びつきます。基準になるのは、自分が好きかどうかということです。それがみんなに認められるとか、そのことをすでにやっている人がいるとか、ブームだからとか、将来性がありそうだからとかいうことではなく、自分が好きなことでいかに利益の出る仕組みをつくっていくかという発想が大事です。

どのようなことでも利益に結びつけて考えるようにすると、頭が活性化し、手足も体もよく動かすようになります。

「欲と二人連れ」だと人間はいつも元気です。その欲が、世の中をよくすることに結びついていれば、さらに元気は増すでしょう。

老後は頭を呆けさせないように株式投資をするというような考えもありますが、株式投資よりもトータルな人間の努力を必要とするものは、自分で始める仕事です。

ところが、**年をとってから始める仕事は、体裁を考えることが多くなり、冒険がなかなかできません**。

失敗が自分のプラスになるというのはやはり若い時期の特権ですから、なるべく早い時期に自分らしいチャレンジをしていくといいのです。

必要なのはお金ではなく一歩踏み出す勇気

何かにチャレンジする際にもっとも必要なものは、スキルでもノウハウでもなく、ただ勇気です。**勇気をふるって行動を始めれば、スキルもノウハウもあとからついてくるもので、その逆ではありません。**

年をとると、勇気のかわりにお金や資格で何とかしようと考えがちですが、それでうまくいくようなものはあまりありません。すべて勇気と経験によって、うまくいくようにできているのです。

しかし、**もしうまくいかなかったとしても、それは自分の成長につながる**と考えておくことが大事です。子供にとっても失敗は成長の糧になりますが、大人にとってもそれは同じです。

人間は、この世でいろいろなことを試みるために生まれてきたと考えてもいいでしょう。すると、どんな経験も自分にプラスになります。よい結果しか起こらないでほしいという人生では、わざわざこの世に生を受けた意味がありません。

成功も失敗も含めて、自分が経験したものはすべて自分の財産になっていると考えることが大事です。

親がそのような生き方をしていれば、子供は自然に同じような生き方を考えるようになります。それが親にとっての子離れであり、子供にとっての親離れです。

親が子供から自立することを考えると同時に、子供を親から自立してひとり立ちさせることを考えることも大切です。

ひとりで旅行させるとか、ひとりで泊まりに行かせるとか、**子供がひとりで行う経験を積み重ねることによって、子供は親元を離れてもたくましく生きていく力を養っていきます**。

その子供の成長に負けないように、親もまた成長していきます。

この親と子の相互の成長が、双方にとっての親離れ子離れと言ってよいでしょう。

「将来、親の面倒をみる」自覚が自立をうながす

個人主義的な生き方は長い歴史で例外的

子供はいずれ親のもとを離れ、自立していきます。それが人類のこれまでの普通の成長の仕方でした。

しかし、今は親のもとを離れられない子も多くなっています。それは子供の働く道が狭められているということもありますが、それ以上に現代の社会の風潮が大きな影響を与えています。

子供が親に頼るというのは普通の親子の関係ですが、子供が自立するだけではなく、将来は子供が親の面倒をみていくものだということも教えておく必要があります。

これまでの戦後の社会では、個人主義的に生きる生活スタイルがよしとされてきたために、親は親で自分の面倒をみる、子供は子供で自分の面倒をみる、というような考え方が一般的になってきました。

核家族化と個人主義と行政による福祉というセットは、欧米の社会システムの中で考えられてきたもので、それを日本の社会に当てはめたのが戦後の社会でした。

ですから、戦後教育を受けてきた人の多くは、個人は個人の利益のために行動し、他人は他人という考えを持っていて、それがあたかも人類の普遍の原理であるかのようにさえ思っています。

ところが、日本の長い歴史では、そのような個人主義的な生き方はむしろ例外的で、ほとんどは家族が助け合い、親が子供を扶養するのと同じように、老いた親を子供が扶養するという助け合いの関係が成り立っていました。

今は、給与の面でも、住宅事情の面でも、そういう家族主義的な社会にすぐに戻ることはできませんが、大きな流れは家族の助け合いという方向に向かっています。

自立と「自分のためだけに生きる」は別物

これからの社会では、**ばらばらになった個人を行政が福祉で面倒をみるというスタイルは次第に行き詰まってきます。**

それは一時は合理的な方法のように思われていましたが、今の日本の社会に見られるように福祉に対する依存を生み出し、結局ムダなコストがより多く発生する仕組みになっているからです。

行政の役割はこれからも必要ですが、基本的に親の面倒は親本人が自分でみるのではなく、子供や地域の人たちが支えていくという考え方をすることが必要になってきます。

これからの子育てでは、子供に自立を促すとともに、子供が親の面倒をみるのだということを、あらかじめ理念の上で話していくとよいのです。

子供に、「将来はおまえが成長して、お父さんやお母さんが働けなくなったときでも面倒をみるんだよ」と言っておけば、子供は気ままに遊ぶようなことばかりしてはいられません。

自分の責任で親の面倒をみなければならないとなると、それなりに真剣に考えて人生の選択をしていくようになります。

そういうことを言われずに、いつまでも親に甘えていられると漠然と思っている子供は、中学生になっても高校生になっても、また大学生になっても自分の責任を考えるようなことはなく、自分のためだけに生きているような気持ちでいます。

兄弟姉妹の中で長男長女はしっかりしているのに、下の子は自由で好き放題のことをしてい

るというのは、親の育て方の中で、上の子が下の子の面倒をみるというようなことを時々させる機会があるからだと思います。

同じように下の子についても、ひとりっ子についても、今は親が子供の面倒をみているが、いずれは子供が親の面倒をみるということを話しておけば、子供は自分の人生の責任というものを感じながら生きていくことができるようになります。

「お母さんが年をとったら代わりに読み聞かせて」

子供は自然に成長して、自然に大人になるのではありません。

今の社会ではいつまでも親に甘え、社会に甘え、自分の利益だけを考えて暮らすこともできる時代です。

だからこそ、子供の責任ということを時々話しながら、子育てをしていくとよいのです。

私が小さい頃、居間で何かを声を出して読んでいたときに、父がこう言いました。

「お母さんが年をとって新聞や本が読めなくなったら、おまえがそうやって読み聞かせをしてあげるんだよ」

そのときは、そんな役割が自分にあるということさえ知らなかったので、ちょっと不思議に思いました。しかし、その言葉が自分の中に残っていたように、小さい頃に言われた言葉は子供の人生の方向を決めることがあります。

子供が小さいときに理念的な言葉かけをしておくことは、子供の人生の指針になっていきます。

ただし私は、母にも父にも読み聞かせをするような機会はありませんでした。父は晩年、好きだったテレビも、つまらなくなったと言って見ないようになりましたから、そんな読み聞かせができたら本当はよかったのかもしれません。

今は、スマホがあればどこにいても、Ｚｏｏｍ（ウェブ会議室）で自由に顔を見ながら会話ができる時代です。**子供が親離れした後の親子のつながりは、クラウドサービスを利用して、これからかえってより深いものになっていくのではないか**と思います。

デザイン　萩原弦一郎（256）
イラスト　佐藤香苗
編集担当　水沼三佳子（すばる舎）